Kuen/Schwarzmann (Hrsg.)

So geht guter Unterricht

Gabriele Kuen
Anton Schwarzmann
(Hrsg.)

So geht guter Unterricht

Schüler geben Referendaren Tipps

BELTZ

Dr. Gabriele Kuen ist Gymnasiallehrerin und Seminarlehrerin für Psychologie am Christian-Ernst-Gymnasium Erlangen.

Dipl-Päd. Anton Schwarzmann ist Gymnasiallehrer und Seminarlehrer für Pädagogik am Christian-Ernst-Gymnasium Erlangen.

Die Autorinnen und Autoren sind 15 Schülerinnen und Schüler eines Projektseminars der Oberstufe 2011/13 am Christian-Ernst-Gymnasium Erlangen.

Dieses Buch ist auch als E-Book erhältlich:
ISBN 978-3-407-29290-2

www.beltz.de

Lektorat: Heike Gras
Herstellung, Satz und Innengestaltung: Sarah Veith
Druck: Beltz Bad Langensalza GmbH, Bad Langensalza
Illustrationen: Louisa Bauer und Manuela Bünzow
Umschlagabbildung: Manuela Bünzow
Umschlaggestaltung: Torge Stoffers, Leipzig
Reihengestaltung: glas ag, Seeheim-Jugenheim
Printed in Germany

ISBN 978-3-407-62012-5

Inhaltsverzeichnis

KAPITEL 3:
Kritische Kompetenz – ein Geben und Nehmen

KAPITEL 4:
Der Alltag als Referendar/in

Vorwort: »Frag doch mal die Schüler!«

»Frag doch mal die Schüler ...« lautete der Titel eines Projektseminars, das uns Schüler/innen des Christian-Ernst-Gymnasiums in Erlangen angeboten wurde. Eine durchweg interessante Idee, wie wir fanden, schließlich erleben wir jeden Tag die unterschiedlichsten Arten und Weisen, Unterricht durchzuführen. Da liegt es nur nahe, aus unserer eigenen Schülerperspektive heraus den Lehrerberuf zu erforschen und dabei einen Ratgeber für angehende Lehrer zu schreiben, bei dem unsere Sichtweise im Vordergrund steht: Als Experten für Unterricht haben wir uns also aufgemacht, Tipps und Anregungen für junge Lehrer/innen aufzuschreiben. Doch der Reihe nach ...

Im Projektseminar, eine Errungenschaft des achtjährigen bayerischen Gymnasiums, haben wir Schüler/innen in den Ausbildungsabschnitten 11/2 und 12/1 jeweils zwei Wochenstunden zur Verfügung, um ein Projekt im Rahmen eines bestimmten Leitfaches zu realisieren. Dabei steht neben der Kooperation mit außerschulischen Partnern eigenständiges ziel- und projektorientiertes Arbeiten im Vordergrund.

Als Schüler/innen der Oberstufe 2011/13 des Christian-Ernst-Gymnasiums in Erlangen hat sich uns die Möglichkeit geboten, mit den Ausbilder/innen (Seminarlehrer/innen) der Referendar/innen an unserer Schule in Psychologie (Gabriele Kuen) und in Pädagogik (Anton Schwarzmann) einen Ratgeber für Referendar/innen und junge Lehrer/innen zu schreiben. Nicht nur aufgrund der weitreichenden Erfahrung der beiden in ihren jeweiligen Fachbereichen sowie ihren Referenzen als Schulbuchautoren war dieses Angebot von vornherein vielversprechend; auch die zahlreichen positiven Erfahrungen unsererseits hinsichtlich der Projektarbeit mit Frau Dr. Kuen und Herrn Schwarzmann im und neben dem Unterricht (z. B. das Projekt »Schule ohne Rassismus«) ließen auf einen produktiven und kooperativen Verlauf des Seminars hoffen.

Dementsprechend groß war unsere Motivation: Abgesehen von der Aussicht auf ein handfestes Ergebnis der Projektarbeit war es ein wichtiger Beweggrund für uns, im Seminar verschiedene Einblicke in den Beruf des Lehrers sowie in zentrale Fragestellungen der Schulpädagogik und Didaktik zu bekommen.

Generell sollte es bei unserer Arbeit von vornherein weder um eine rein wissenschaftliche Analyse noch um eine persönliche Abrechnung mit den eigenen Erfahrungen gehen. Vielmehr war es unser Ziel, Anregungen und Hilfestellungen für Referendar/innen und junge Lehrer/innen zusammenzutragen, die sich aus der Kombination von Schüler- und Seminarlehrersicht ergeben. Die Basis unserer Arbeit bildeten Recherchen in der Fachliteratur, Umfragen an unserer Schule, persönliche Gespräche sowie eigene Erfahrungen.

Nachdem allgemeine Ideen und Inhalte für die unterschiedlichen Themenbereiche gesammelt worden waren, konnten wir den »Fahrplan« für unser Seminar festlegen:

- Das Plenum teilte sich in die Arbeitsgruppen für die jeweiligen Themenbereiche für Layout (Alexander Richter, Christina v. Tucher), Illustration (Manuela Bünzow, Louisa Bauer) und Redaktion (Christina Höfer, Simon Steinberger) auf.
- Am Anfang erarbeiteten die Gruppen selbstständig die Inhalte der einzelnen Kapitel und entwickelten Konzepte für Illustration und Layout. Allerdings stellten wir bei der Stoffsammlung fest, dass es Bereiche gibt, denen wir aus der Schülerperspektive nicht gerecht werden können. Deshalb baten wir die beiden Seminarlehrer, in eigenen Beiträgen diese Themen zu behandeln. Somit können in diesem Buch alle wichtigen Themen Platz finden.
- Die positive Reaktion des Beltz-Verlags auf unsere Anfrage motivierte uns zur Abfassung eines ausführlichen Exposés, auf dessen Grundlage sich der Verlag dazu entschied, unser Buch in sein Verlagsprogramm aufzunehmen.
- Mit dem Ziel, in der Formulierung der Gedanken einen einheitlichen Duktus zu erreichen, ohne dass dabei die Schülerarbeit und -perspektive in den Hintergrund rückt, überarbeiteten die Autorenteams in enger Zusammenarbeit mit den Seminar-

lehrern die Kapitel sprachlich und stilistisch. Um die Identifikation des ganzen Seminars mit den Texten sicherzustellen, wurden diese in zahlreichen Plenumssitzungen besprochen.

Vom »guten Lehrer« zum »gelungenen Unterricht«

Dahin wollen wir Sie zunächst in unserem Buch führen und anschließend die Vielfältigkeit und Bedeutung von gegenseitiger Rückmeldung aufzeigen. Schließlich werden wir noch die besondere Situation des Referendariats in den Blick nehmen.

Im *ersten Kapitel* unseres Ratgebers für Referendare geht es um ein Thema, zu dem sicher auch Sie einen Beitrag aus Ihrer eigenen Erinnerung heraus leisten könnten: um die Eigenschaften eines »guten« Lehrers/einer »guten« Lehrerin.

Auf den ersten Blick scheint sich die Suche nach solchen Merkmalen leicht zu gestalten, doch bei näherer Betrachtung wird deutlich, dass es verschiedenste Lehrertypen gibt. »Gehen Sie doch etwas mehr aus sich heraus!« ist z. B. einer dieser Ratschläge von Betreuungslehrer/innen, der für eher zurückhaltende Personen wohl kaum hilfreich ist. Diese Aussage impliziert auch, dass nur extrovertierte Menschen gute Lehrer/innen werden können. Doch hängt die Qualität eines Lehrers/einer Lehrerin wirklich nur von dessen/deren Persönlichkeit ab? Wir sind der Meinung, dass jeder auf seine eigene Art und Weise das Potenzial hat, eine sehr gute Lehrkraft zu werden – ein ermutigender Gedanke gerade zu Beginn der Berufstätigkeit, wo man auf der Suche nach der individuellen Persönlichkeit als Lehrer/in ist. Trotz der Individualität gibt es »Standards«, die erlernbar sind. Welche Eigenschaften sollten aus der Sicht von uns Schüler/innen bei einem Lehrer/einer Lehrerin »von Natur aus« bereits vorhanden sein, welche kann man »lernen«?

In diesem Zusammenhang legen wir besonderes Augenmerk auf eine Eigenschaft, die für gute Lehrer/innen unabhängig von ihrem »Typ« unabdinglich ist: Authentizität. Was unter dieser Haltung im Hinblick auf den Schullalltag zu verstehen ist, versuchen wir Ihnen ebenso nahezulegen wie einen »Kompass« aus Werten und Grundhaltungen, der Sie durch Ihren Schullalltag leiten kann.

Während im ersten Kapitel also die Lehrerpersönlichkeit im Vordergrund steht, dreht sich das *zweite Kapitel* des Ratgebers um die Planung, Gestaltung und Durchführung des Unterrichts, deren vielfältige Schritte erlernbar und methodisch umsetzbar sind. Wir gehen hier der Frage nach, wie sich Schüler/innen einen guten Unterricht vorstellen.

Auf der Suche nach den optimalen Voraussetzungen für gelungenen Unterricht ist es uns wichtig, auf ein angstfreies und motivierendes Lernklima einzugehen. Angst und Motivation werden dabei als komplementäre emotionale Zustände begriffen: Je besser es gelingt, Ängsten in der Schule entgegenzuwirken, indem Sicherheitsimpulse gesetzt werden und das Selbstwertgefühl der Schüler/innen gestärkt wird, desto motivierender lässt sich das Unterrichtsklima gestalten.

Auf dieser Grundlage wollen wir – einem idealtypischen Verlauf einer Unterrichtsstunde folgend – Anregungen aus der Schülerperspektive formulieren, die besonders die Themen Unterrichtseinstieg, Sozial- und Aktionsformen, Medieneinsatz, Ergebnissicherung und Stundenabschluss beleuchten.

Auch bei diesem Themengebiet spielen die im ersten Kapitel beschriebenen Grundhaltungen eine wichtige Rolle: Jeder noch so interessant gewählte Inhalt, jeder noch so abwechslungsreiche Medieneinsatz, jedes »Feuerwerk an Methoden« verfehlt das Ziel, wenn die Stunde nicht von einem Unterrichtsklima geprägt wird, in dem der »Funke« tatsächlich überspringen kann.

Im *dritten Kapitel* steht wiederum ein Bereich im Mittelpunkt, der die Lehrerpersönlichkeit gerade im Hinblick auf die Interaktion mit den Schüler/innen betrifft: Feedback und Evaluation als aktive und passive Ausdrucksformen von Kritikfähigkeit.

Als Lehrer/innen fungieren Sie nicht nur als Berater/innen der Schüler/innen in ihren Lernprozessen, sondern eben (leider) auch als deren Bewerter/innen. Beide Rollen scheinen sich ab und an zu widersprechen. Es ist nicht immer leicht, den Spagat zwischen persönlichem Feedback und subjektiver Ermutigung einerseits und der Einordnung in ein standardisiertes Notenraster andererseits zu bewältigen. Deshalb versuchen wir, in diesem Kapitel darzustellen, wie nach unserer Vorstellung Kritik konstruktiv und nicht persönlich verletzend geäußert werden kann.

Neben dem Feedbackgeben ist es gerade für Lehrer/innen auch immer eine große Herausforderung, ein ehrliches Feedback von uns Schüler/innen anzunehmen. Dies wird Ihnen oft schwerfallen, zumal diese Rückmeldungen häufig auch auf die eigene Person bezogen werden. Wir möchten Ihnen aufzeigen, wie Sie als Lehrer/in vom Feedback Ihrer Schüler/innen profitieren können, wenn Sie Ihnen die Gelegenheit zur Evaluation ihres Unterrichts geben.

Schließlich machen die beiden Seminarlehrkräfte aus ihrer Erfahrung heraus Vorschläge, wie Rückmeldungen an Schüler/innen und Bewertungen gelingen und wie Sie das Gespräch mit Eltern als wechselseitige Form des Feedbacks sicher bewältigen können.

Im Mittelpunkt des *vierten Kapitels* stehen die besonderen Anforderungen, die das Referendariat an Lehrer/innen stellt. Ja, Sie haben richtig gelesen: Lehrer/innen! In diesem Buch verstehen wir Referendar/innen ausdrücklich als vollwertige Lehrer/innen.

Deshalb beleuchten wir bewusst erst am Ende des Buches drei zentrale Themen Ihres Schuleinsatzes als Referendar/in: Die berühmt-berüchtigte erste Stunde in der neuen Klasse, die von vielen in ihrer Aussagekraft infrage gestellte Lehrprobe sowie das Problem des Zeitmanagements.

Da wir bei diesen Themen nur teilweise auf eigene Erfahrungen und Kenntnisse zurückgreifen können, zogen wir Autor/innen dieser Kapitel Seminarlehrkräfte und über 50 Referendar/innen verschiedener Jahrgänge des Studienseminars unserer Schule zurate: Aus den Ergebnissen schriftlicher und mündlicher Interviews haben wir für Sie hoffentlich wertvolle Tipps und Beobachtungen zusammengetragen.

Sind Sie neugierig auf unsere Ideen und Anregungen geworden? Dann lesen Sie doch weiter und beherzigen Sie damit unser Motto: »Frag doch mal die Schüler ...«

Die Autorinnen und Autoren

KAPITEL 1:
Lehrerpersönlichkeit

Auf die richtige Einstellung kommt es an

Gabriele Kuen (Seminarlehrerin Psycholcgie)/
Anton Schwarzmann (Seminarlehrer Pädagogik)

Glückwunsch! Allein die Tatsache, dass Sie sich dafür entschieden haben, dieses Buch zur Hand zu nehmen, lässt vermuten, dass Sie als Lehrer/in auf dem »richtigen Weg« sind: Sie interessieren sich für die Perspektive der Schüler/innen! Das ist wahrlich keine Selbstverständlichkeit. Können Sie sich daran erinnern, dass in Ihrer bisherigen Ausbildung die Meinung der Schüler/innen bei der Bewertung Ihrer Leistung als Lehrer/in eine wichtige Rolle gespielt hätte? Oder – wenn Sie an Ihre eigene Schulzeit zurückdenken – empfanden Sie es nicht als etwas Besonderes, wenn Sie von einem Lehrer in Ihrer Meinung, in Ihrer Kritik, in Ihrer ganzen Persönlichkeit wirklich ernst genommen wurden?

»Positives Menschenbild«

Als tragfähige Grundlage eines solchen Schülerbildes dient ein positives Menschenbild, das auch in der Beziehung zu den anderen am Schulleben Beteiligten – Eltern, Kolleg/innen, Vorgesetzten, Verwaltungsangestellten – äußerst hilfreich ist. Gern mit Menschen zu tun zu haben, dabei jeder Person vorurteilsfrei und aufgeschlossen zu begegnen, sind wesentliche Voraussetzungen eines erfüllenden Berufslebens als Lehrer/in.

Sie denken: »Das ist doch selbstverständlich« oder »Ist doch nicht der Rede wert«? Sie kennen doch auch die gängigen Pauschalurteile gegenüber der heutigen Jugend als »Null-Bock-« und »Handy-Generation«, die es nur darauf anlegt, Referendar/innen auszutesten und ihren Unterricht zu stören. Weit verbreitet ist auch die Kritik gegenüber den Eltern, die ihre Kinder heutzutage entweder überbehüten oder vernachlässigen und in Sprechstunden die Schuld am schulischen Versagen ihrer Kinder stets der Lehrkraft zuschieben wollen. Nicht zu reden von den gängigen Vorurteilen gegenüber uns Lehrer/innen, die wir diesen Beruf ergriffen haben, entweder um vormittags Recht und nachmittags frei zu haben oder mangels besserer Alternativen – so auch ein von sich selbst und seiner Weltsicht überzeugter Elftklässler gegenüber einem Referendar: »Hätten'S ein g'scheites Abitur gemacht, hätten'S nicht Lehrer werden müssen.«

Ein Schülerbild jenseits solch stereotyper Etikettierungen geht von einem jungen Menschen aus, der auf dem Weg ist, seine eigene Persönlichkeit zu entwickeln, und den wir als Lehrer/innen dabei während einer wichtigen Zeit in seinem Leben begleiten und unterstützen dürfen. Mit seinen Eltern, die uns mit ihrem Kind das Wertvollste anvertrauen, das sie haben, teilen wir die Zuversicht, aber zuweilen auch die Sorge, dass beziehungsweise ob dieser Entwicklungsprozess positiv gelingen kann. Die Eltern und wir Lehrer/innen sollten uns in diesem Bemühen um Erziehung und Unterstützung der jungen Menschen bei der (Aus-)Bildung einer eigenen Persönlichkeit ergänzen – nicht ersetzen.

Konstruktivistischer Bildungsansatz

Von einem derartigen Schülerbild, das auf einem von positiver Wertschätzung und Empathie geprägten Menschenbild beruht sowie die *einzelne* Persönlichkeit in ihrer Identitätsentwicklung im Blick hat, gehen auch die aktuellen Lehrpläne mit ihrem konstruktivistischen Bildungsansatz aus.

Mit dem Übergang »von der Instruktion zur Konstruktion« hat sich nicht nur die Rolle der Schüler/innen weg von weitgehend passiven Rezipienten hin zu aktiven Gestalter/innen ihres Lernprozesses gewandelt, sondern auch die von uns Lehrer/innen. »Lehrende müssen nunmehr mindestens in einer Doppelrolle agieren: Einerseits als mehrwissende Experten in bestimmten Fächern, andererseits als lernerorientierte Moderatoren der Wissens-

und Handlungskonstruktion« (Reich 2012, S. 26). Wie die aus der Botanik stammende Metapher des »Erziehens« (lat. *e-ducare*) andeutet, kommt dem oder der Erziehenden die Aufgabe zu, der sich entwickelnden »Pflanze« günstige Rahmenbedingungen zu schaffen und gegebenenfalls Unterstützung anzubieten, ohne sie dabei in ihrer freien Entfaltung unnötig einzuschränken.

In diesem Sinn wird in der konstruktivistischen Didaktik besonderer Wert auf den Lern*prozess* gelegt, ohne dass er zum (alleinigen) Selbstzweck werden darf und seine Ergebnisse gänzlich in den Hintergrund rücken. Inhalte und Beziehungen zwischen Lernern und Lehrenden sollten stets aufeinander bezogen sein.

Eine Didaktik, die sich diesem Anspruch stellt, sollte eine Beziehungsdidaktik sein, weil ich von der Annahme ausgehe, dass die menschlichen Beziehungen, die Interaktionen in Lehr- und Lernprozessen, entscheidend für den Sinn und Erfolg des Lernens sind. (Reich 2012, S. 30)

Der wissenschaftstheoretische Hintergrund begründet eine praktische Umsetzung im Unterricht, der handlungs- und beziehungsorientiert ist, eine Variabilität von Methoden und Sozialformen bietet sowie insbesondere auf die Selbsttätigkeit der Schüler/innen ausgerichtet ist. Die Kunst des Unterrichtens auf der erkenntnistheoretischen Basis eines pragmatischen Konstruktivismus liegt also darin, die Kinder und Jugendlichen bei der Entdeckung und Konstruktion von Wirklichkeit zu begleiten und dabei individuell und differenziert die persönlichen Ressourcen der Schüler/innen zur Entfaltung zu bringen.

Auch wenn der Lehrende hier stärker als früher in den Hintergrund tritt, so ist er […] kein gleichgültiges Wesen, sondern zeichnet sich, wenn er erfolgreich sein will, auch durch Fach-, Methoden- und Sozialkompetenz und in allen drei Feldern durch Visionen aus. (Reich 2012, S. 26)

Es kommt also durchaus auf »den guten Lehrer an«, wie der neuseeländische Bildungsforscher Jahn Hattie in seinem viel beachteten Buch »Visible Learning« mit Recht betont (Spiewak 2013, S. 3).

Positive Grundhaltungen als »Kompasseinstellung« im Lehrberuf

Wenn hier so eindringlich für ein positives Menschenbild und einen konstruktivistischen Bildungsansatz als tragfähige Grundlagen des Lehrberufs plädiert wird, heißt das nicht, dass damit ein realitätsferner Idealismus verfolgt wird, der den Schulalltag verklärt und die Schüler/innen zu stets wissbegierigen, lerneifrigen, selbstreflektierten und dauerfreundlichen Musterkindern stilisiert. Mal ehrlich – wer fände unseren Beruf dann noch so interessant, abwechslungsreich und vor allem herausfordernd, wie er (zum Glück) nun einmal ist?

Natürlich gibt es einzelne Schüler/innen, die gerade keine Lust haben, die zehnte Übungsaufgabe zum Distributivgesetz zu lösen, oder keinen Sinn dahinter sehen, die Ursachen der Französischen Revolution zu ergründen, sondern lieber während der Stunde per SMS ein Date für den Abend vereinbaren. Selbstverständlich existiert in vielen Klassen, vor allem in der Mittelstufe, die ungeschriebene Gruppennorm, ja nicht durch zu viel Engagement negativ als Streber/in oder gar Schleimer/in aufzufallen.

Sicher werden auch Sie es mit einzelnen Eltern zu tun haben, bei denen es Ihnen aufgrund provokanter persönlicher Vorwürfe schwerfallen wird, Empathie und positive Wertschätzung als Grundhaltungen im Gespräch einzunehmen.

Ebenfalls lässt sich der konstruktivistische Ansatz in Reinform in einem Bildungssystem, in dem der Schule auch eine gesellschaftliche Selektionsfunktion zukommt, allein schon strukturell nicht verwirklichen. Leistungsbewertungen, die fast ausschließlich kognitive Faktoren berücksichtigen und kriterialen oder sozialen Bezugsnormen folgen, haben *nicht* den Schüler/die Schülerin als ganze Persönlichkeit und in ihrer individuellen Entwicklung im Blick.

Durch diese und andere Rahmenbedingungen der schulischen Realität wird der idealistische Grundansatz jedoch nicht infrage gestellt, sondern im Gegenteil: Er kann quasi als Richtungseinstellung Ihres Kompasses dienen, an dem Sie als Lehrer/in Ihr eigenes Handeln ausrichten und damit trotz der alltäglichen Unwägbarkeiten Ihr Ziel nicht aus den Augen verlieren. Diese Grundeinstellung hilft Ihnen dabei,

- dass Sie einem Schüler das Gefühl des persönlichen Versagens nehmen können, auch wenn Sie ihm mit der Ziffer »6« auf seiner schriftlichen Arbeit genau das Gegenteil mitzuteilen scheinen;
- dass Sie Disziplinstörungen nicht pauschal einer Klasse zuschreiben, sondern differenzierte und wirkungsvolle Maßnahmen zu ergreifen, die den Schüler/innen zeigen, dass sie individuell wahrgenommen werden;
- dass es Ihnen gelingt, bei Eltern, die mit Vorwürfen und Anklagen kommen, in erster Linie die Sorge um ihr Kind wahrzunehmen.

All diese und viele weitere Alltagsprobleme als Lehrer/in lassen sich mit der gerade beschriebenen Einstellung des persönlichen »Kompasses« leichter und vor allem mit mehr Gelassenheit angehen und zuweilen auch lösen. Auf jeden Fall aber machen diese

Grundhaltungen der positiven individuellen Wertschätzung und Empathie, verbunden mit dem konstruktivistischen Ansatz, sensibel dafür, mögliche Ursachen für Probleme überhaupt wahrzunehmen. Auch helfen sie dabei, die nötige Distanz zu finden, um sich nicht durch die Rechtfertigung mit dem System, »das nun mal so ist«, oder das Gefühl, selbst als Person infrage gestellt zu werden, von einer konstruktiven Problemlösung abhalten zu lassen.

»Schüler/innen als Experten« – der konstruktivistische Bildungsansatz in der Praxis

Das konstruktivistische Bildungsideal in den Lehrplänen zeigt sich vor allem in der Betonung der Projektarbeit, da hier die anvisierte Kompetenzorientierung sowie der fächerübergreifende Ansatz besonders zum Tragen kommen. Der vorliegende Ratgeber für Referendare kann in verschiedener Hinsicht als Beispiel für die praktische Umsetzung des konstruktivistischen Bildungsansatzes im Schulalltag betrachtet werden.

Zum einen ist er das Ergebnis einer einjährigen Arbeit von Schüler/innen der Oberstufe nach den Regeln der Projektmethode. Zum anderen – und das ist vielleicht noch höher einzuschätzen – spiegelt der Inhalt des Ratgebers über den Projektcharakter seiner Entstehung hinaus genau das wider, was eingangs als menschliche Grundhaltungen einer Lehrerin/eines Lehrers gegenüber Schüler/innen beschrieben wurde: die ehrlich gemeinte Wertschätzung ihrer ganzen Person, damit verbunden die Begegnung auf Augenhöhe, unabhängig von den Unterschieden im Bereich von Erfahrung und Wissen, sowie das vorbehaltlose Ernstnehmen ihrer Meinungen und Perspektiven.

Wenn Sie also weiterhin (und hoffentlich Ihr ganzes Berufsleben lang) neugierig darauf sind, wie sich Schüler/innen »gute Lehrer/innen« vorstellen und was für sie zu einem gelungenen Unterricht gehört, dann lesen Sie weiter! Sie werden interessante neue Aspekte entdecken, vermutlich aber auch das eine oder andere Déjà-vu aus Ihrer eigenen Schulzeit erleben – übrigens nicht das schlechteste Korrektiv für so manch eingefahrene Lehrerattitüde!

»Vom Glück, einen guten Lehrer zu haben« (H. Prantl)

Nina Bauerfeind / Franziska Lohberger

Fragt man Schüler/innen verschiedener Jahrgangsstufen nach ihren Lieblingslehrern, werden manche Namen häufiger genannt als andere. Dennoch zeigt die Vielzahl an genannten Lehrernamen, dass es auf die Frage, was eine gute Lehrerin/einen guten Lehrer ausmacht, offenbar keine eindeutige Antwort gibt.

Lisa aus der 6. Klasse beschreibt ihre Lieblingslehrerin beispielsweise so:

> Frau M. mag ich besonders gern, weil sie eigentlich immer gute Laune hat. Wenn sie uns etwas erklärt, verstehe ich es meistens, weil sie viele Vergleiche und Bilder bringt. Sie schimpft auch nicht gleich, wenn jemand mal etwas vergessen hat. Sie schreibt es zwar auf und schickt den Eltern nach drei Strichen einen Hinweis, aber sie mag einen trotzdem noch. Streng ist Frau M. nur, wenn wir zu viel schwätzen. Dann schreit sie aber nicht herum, sondern sagt einfach: »Mir ist es zu laut. Seid bitte leise, sonst können wir nicht arbeiten.« Dann sind wir auch ruhig. Frau M. hat keine Lieblingsschüler. Ich glaube, sie mag uns alle gleich gern.

Schüler/innen aus der 9. Klasse sind besonders angetan von Frau R. Alisa erklärt, warum:

> Frau R. ist seit diesem Schuljahr neu an unserer Schule. Ich glaube, sie ist gerade mit ihrem Referendariat fertig geworden, jedenfalls wirkt sie noch ziemlich jung. Sie ist immer stylisch gekleidet. Das passt zu ihr! Wir haben sie in Bio. Das interessiert mich zwar nicht so brennend, aber manchmal kommt es im Unterricht zu ganz interessanten Diskussionen. Die bricht sie dann auch nicht ab wie andere Lehrer, die Angst haben, den Stoff nicht durchzubringen. Ich glaube, mit Frau R. könnte man über alles reden. Die versteht einen.

André aus der Oberstufe fällt auf die Frage nach seinem Lieblingslehrer Folgendes ein:

> Herr S. ist einfach der geborene Lehrer. Sein Unterricht ist von vorn bis hinten durchstrukturiert, da hat man immer den Durchblick. Außerdem kann er sagenhaft gut erklären. Er ist der absolute Experte und total begeistert von seinem Fach. Ich war früher gar nicht gut in Mathe, aber seit ich Herrn S. habe, macht es mir sogar fast Spaß. Das liegt eindeutig am Lehrer. Er ist zwar nicht so der Kumpeltyp, behandelt uns aber alle fair und mit Respekt.

Die drei Beispiele zeigen sehr unterschiedliche Lehrertypen, die aber eines gemeinsam haben: Sie werden als Lieblingslehrer/innen bezeichnet. Daher stellt sich die Frage: Welche Qualitäten zeichnen sie aus?

Der Chefredakteur der Süddeutschen Zeitung, Heribert Prantl, schreibt in seinem Artikel mit der Überschrift »Vom Glück, einen guten Lehrer zu haben« zu diesem Thema:

Auch die guten Lehrer sind nicht perfekt. Manchmal sind sie genervt, manchmal platzt ihnen der Kragen, manchmal sind sie frustriert, manchmal ungerecht. Sie sind nicht die Heiligen der Klassenzimmer und nicht die Helden des Alltags. Aber die guten Lehrer sind begeistert von dem, was sie tun. Sie unterrichten nicht einfach Biologie, Latein, Physik und Englisch; sie unterrichten junge Menschen in Biologie, Latein, Physik und Englisch. Das ist ein Unterschied. Sie tun es mit liebevoller, mit beseelter Leidenschaft. (Prantl 2010, S. 7)

Ein beruhigendes Statement, nicht wahr? Sie müssen also nicht Ihre Persönlichkeit, Ihren Charakter verändern, um eine gute Lehrerin/ein guter Lehrer zu sein beziehungsweise zu werden. Es gibt auch unter den guten Lehrkräften verschiedene Typen.

Negative und positive Lehrertypen

Als welchen Typ Lehrer/in würden Sie sich beschreiben? Wir haben von Mitschüler/innen verschiedener Jahrgangsstufen auf die Frage nach verschiedenen Lehrertypen sehr interessante und genau beobachtete, differenzierte Antworten erhalten. Sie zeugen von langjährigen leid- und freudvollen Erfahrungen mit unterschiedlichsten Lehrerpersönlichkeiten. Bei aller Vielfalt der Beschreibungen lassen sich einige Grundmuster erkennen. Dabei fällt auf, dass es offenbar leichter ist, negative Typen zu definieren. Natürlich handelt es sich hier um Überzeichnungen, Karikaturen von Lehrer/innen, die zum Glück in Reinform selten vorkommen (Abb. 1, S. 21 f.).

der/die Pseudowitzige
macht Witze auf Kosten von Schülern • ist ironisch, verfügt aber über keine Selbstironie • ist zynisch

der/die Kindisch-Naive
wirkt unsicher • geht auf jede (dumme) Bemerkung ein • zeigt übertriebene Mimik/Gestik

der/die Langweilige
spricht in monotoner Stimmlage • bietet im Unterricht keine Aha-Effekte • ist meist humorlos

der/die Chaotische
scheint kein klares Konzept zu haben • schweift oft ab • erinnert sich nicht an Vereinbarungen

der/die Selbstverliebte
sieht nur sich und das eigene Fach • monologisiert gerne • überfordert die Schüler oft • nimmt Schüler nicht ernst

der/die Kleinkarierte
ist formalistisch • legt großen Wert auf Nebensächlichkeiten • ist unflexibel • lässt nur seine Lösung gelten

der/die Autoritäre
ist übertrieben streng • zeigt sich oft kompromisslos • differenziert wenig • ist oft persönlich verletzend

der/die Unberechenbare
zeigt extreme Stimmungsschwankungen • wirkt inkonsequent • verbreitet Unsicherheit

Abb. 1: Negative Lehrertypen

Einzelne Eigenschaften der negativ stilisierten Typen kann aber vermutlich fast jeder aus eigenem Erleben irgendeiner seiner Lehrkraft zuschreiben.

Will man als Lehrer/in von Schüler/innen nicht in eine dieser negativen Kategorien gesteckt werden, ist es sicher ratsam, die in Abb. 1 beschriebenen Verhaltensweisen möglichst zu vermeiden. Doch wie wird man darüber hinaus zu einer guten Lehrerin/einem guten Lehrer?

Wir haben mit den Referendar/innen des Studienseminars an unserer Schule folgendes Experiment durchgeführt, an dem auch

Sie sich in Gedanken beteiligen können: In einem Raum waren jeweils in der Mitte der vier Wände Plakate mit der Beschreibung vier verschiedener Lehrertypen angebracht (Abb. 2, S. 23). Die Teilnehmer/innen bekamen den Auftrag, sich auf dem Boden zwischen den Plakaten Koordinatenachsen vorzustellen und sich entsprechend ihrer Selbsteinschätzung, welchem Typ sie wie nahe kommen, in diesem Koordinatensystem zu positionieren.

Abb. 2: Lehrertypen im Koordinatensystem. Die vier Grundtypen basieren auf den vier Grundstrukturen der Persönlichkeit, die nach dem Psychoanalytiker F. Riemann auf Grundängste zurückzuführen sind (Kühne-Kamm/Kamm 2003, S. 13 ff.).

Die Referendar/innen verteilten sich – wie erwartet – weitläufig im Raum, die Ränder waren wenig besetzt. Die Teilnehmer/innen tauschten sich kurz über die Begründungen für ihre Platzwahl aus. Dabei stimmten in den meisten Fällen die Selbst- und die Fremdwahrnehmung weitestgehend überein.

Im nächsten Schritt sollten die Referendar/innen ihren Standort dorthin verlagern, wo sie sich als Lehrer/in gern sähen. Sie konnten aber auch am ursprünglichen Platz stehen bleiben, wenn sie der Meinung waren, ihre Wunschposition bereits gefunden zu haben. Interessanterweise strebte die große Mehrheit in die Mitte des Koordinatensystems.

Diese Tendenz ist jedoch kritisch zu hinterfragen: Muss eine gute Lehrerin/ein guter Lehrer wirklich Merkmale aller vier Typen aufweisen? Kann und will er oder sie das überhaupt? Diese Frage können Sie für sich selbst überprüfen, indem Sie den folgenden Selbsteinschätzungsbogen (Tab. 1, S. 24 f.) ausfüllen (Mehrfachantworten möglich).

Selbsteinschätzungsbogen
»Welche Lehrerpersönlichkeit bin ich/will ich (nicht) sein?«

	1	2	3	4	5
Ich trete in der Schule sicher und souverän auf.					
Ich wahre eher die Distanz zu den Schüler/innen.					
Ich strahle fachliche Kompetenz aus.					
Ich vertrete klar meine Position, auch bei Widerständen.					
Mir ist der persönliche Kontakt zu Schüler/innen wichtig.					
Ich vermittle Schülern Vertrauen und Herzlichkeit.					
Ich bin teamfähig, auch bezogen auf Schüler/innen.					
Ich habe ein Ohr für persönliche Probleme der Schüler/innen.					
Ich bin im Unterricht kreativ und spontan.					
Ich kann gut auf Schülerbeiträge eingehen.					
Ich strahle Optimismus und Tatendrang aus.					

Ich bin humorvoll.					
Ich bereite meinen Unterricht in der Regel genau vor.					
Struktur und Ordnung sind mir sehr wichtig.					
Die Schüler/innen sollen mich als gerecht erleben.					
In der Schule strahle ich Ruhe und Stabilität aus.					

Tab. 1: Selbsteinschätzungsbogen »Welche Lehrerpersönlichkeit bin ich/will ich (nicht) sein?«: 1 = ist eine meiner Stärken, 2 = gelingt mir zunehmend, 3 = gelingt mir noch nicht ausreichend, 4 = passt eher nicht zu mir, 5 = ist nicht mein Ziel (Mehrfachantworten möglich).

Falls Sie bei der Betrachtung des Koordinatensystems der Lehrertypen zunächst auch die Mitte als erstrebenswerte Position bestimmt haben sollten, könnten Sie die Kreuzchen in den Spalten 4 und 5 davon überzeugen, dass das Ideal nicht immer in der Mitte liegt. Durch eine zu starke Tendenz in die Mitte des Koordinatensystems müssten Sie wohl Abstriche bei Ihren charakteristischen Stärken machen. So können und müssen Sie als spontaner, kreativer, begeisternder Lehrertyp nicht gleichzeitig *bestens* strukturiert, stets zuverlässig vorbereitet und gewissenhaft sein. Sie können als eher distanzierter Fachmann ebenso beliebt sein wie der Typ »Vertrauenslehrer« – nur in sich stimmig sollten Sie als gute Lehrerin/guter Lehrer sein.

Seien Sie stolz auf Ihre Stärken (= Kreuzchen in Spalte 1) und versuchen Sie, diese – immer gepaart mit der nötigen Selbstkritik – zu pflegen. Arbeiten Sie weiter an den Schwächen, die Sie auch tatsächlich verbessern können und wollen (= Kreuzchen in Spalte 3). Motivieren Sie sich durch die kleinen Fortschritte, die Sie auf dem Weg zu Ihrem persönlich erstrebenswerten Lehrertyp bereits gemacht haben (= Kreuzchen in Spalte 2).

Da auch die Schüler/innen in ihrer Persönlichkeit und in ihren Vorlieben nicht alle gleich sind, gewichten sie die verschiedenen Qualitäten von Lehrer/innen auch unterschiedlich. So ist der schülernahe Lehrertyp beliebt, weil er das Gefühl vermittelt, ein persönliches Interesse an den Schüler/innen zu haben und auch ihre Probleme zu verstehen. Nicht selten können solche Lehrer/innen gerade auch leistungsschwächere Schüler/innen in ihrem Selbstbewusstsein stärken. Manche Jugendliche interpretieren eine solche menschliche Nähe jedoch als Anbiederung. Sie bevorzugen eher den distanzierten Lehrertyp, der z. B. durch sein großes Fachwissen beeindruckt. Durch die eigene Begeisterung schafft er es auch, die Schüler/innen für die Inhalte seines Faches zu interessieren und sie zum Lernen zu motivieren. Das Verhältnis zwischen diesem selbstsicheren Lehrertyp und den Schüler/innen ist von gegenseitigem Respekt geprägt. Er wirkt vielleicht manchmal etwas unnahbar, dennoch geht von ihm ein gewisses Charisma aus.

So wie die eben beschriebenen Lehrertypen bei Schüler/innen je nach ihrer eigenen Persönlichkeit unterschiedlich beliebt sind, so finden auch die anderen Typen bei dem einen mehr, bei dem anderen weniger Zuspruch. Wir Schüler/innen sind jedenfalls froh, dass der spontane Wunsch der Referendar/innen, möglichst die Vorzüge aller Lehrertypen auf sich zu vereinen, nie Realität wird. Wie langweilig wäre der Schulalltag, wenn alle Lehrer/innen auf die gleiche Weise »gut« sein wollten! Ein Aspekt liegt uns jedoch besonders am Herzen: Der Lehrer/die Lehrerin muss in Verhalten und Auftreten »echt« sein.

Was es bedeutet, als Lehrer/in authentisch zu sein

Als Stärke einer Persönlichkeit wird das bezeichnet, was der Einzelne selbst und die anderen als stimmig und deshalb überzeugend erleben. Es kommt darauf an, authentisch zu sein. Vorgespielte Stärken werden früher oder später gerade von den Schülern erkannt und führen zum Autoritätsverlust. (Kühne-Kamm/Kamm 2003, S. 11)

Um den Respekt und die Sympathie der Schüler/innen für sich zu gewinnen, ist es wichtig, dass Sie authentisch sind. Damit ist gemeint, dass Sie Ihre Persönlichkeit beibehalten und nicht krampfhaft versuchen, sich zu verstellen.

Während Ihres Referendariats sind Sie mit den verschiedensten Menschen konfrontiert, die Sie ganz genau unter die Lupe nehmen: mit Ihren Schüler/innen, den Eltern, den Kolleg/innen, den Seminar- und Betreuungslehrkräften. Hierbei werden Sie mit Sicherheit auch des Öfteren persönlich kritisiert, was verletzend sein kann und Sie dazu veranlasst, sich einerseits selbst ständig zu hinterfragen, sich aber andererseits auch rechtfertigen zu wollen.

Es ist jedoch wichtig, dass Sie diese Kritik nicht auf Ihre Persönlichkeit beziehen, sondern »lediglich« auf die Art Ihrer Unterrichtsgestaltung. Es ist nur natürlich, dass Schüler/innen Sie auf eine andere Art und Weise kritisieren als Ihre Seminar- und Betreuungslehrer/innen, die sich im Übrigen auch nicht immer einig sein dürften und möglicherweise unterschiedliche Dinge bemängeln. Oft sind dabei die verschiedenen Wünsche und Anregungen nicht unter einen Hut zu bekommen.

Viele Referendar/innen sehen sich in einer Zwickmühle, durch die sie sich sehr unter Druck gesetzt fühlen – was nur verständlich ist. Doch alle Kritikpunkte genauestens abzuarbeiten, dabei die eigenen Vorstellungen von gutem Unterricht zu vergessen und ständig einen neuen Unterrichtsstil zu entwickeln, ist der falsche Weg. Geschieht dies, dann

- verlieren Sie selbst den Spaß am Unterrichten, weil Ihre eigenen Vorstellungen in den Hintergrund gerückt sind;
- sind Sie für Ihre Schüler/innen nicht mehr berechenbar und diese können sich nicht auf Ihren Unterricht und Ihre Person einstellen. Im schlimmsten Fall bekommen manche sogar Angst vor Ihnen, weil sie nicht wissen, wie Sie auf bestimmte Situationen reagieren;
- können sich die Schüler/innen nicht optimal auf Ihre Art der Leistungsmessung vorbereiten, wenn Sie auch diese aufgrund von Kritik ständig anders gestalten;
- kann Ihnen von Ihren Seminar- und Betreuungslehrer/innen Inkonsequenz vorgeworfen werden.

Sie sehen also, dass es – besonders für Ihre Schüler/innen – sehr wichtig ist, eine gewisse Kontinuität in Ihrer Einstellung und in

Ihrem Handeln zu zeigen. Das Vertrauen Ihrer Schüler/innen gewinnen Sie nicht, indem Sie sich immer anders verhalten. Aber wie können Sie die verschiedenen Anforderungen, die die Personen in Ihrem beruflichen Umfeld an Sie stellen, unter einen Hut bekommen, ohne sich zu sehr zu verbiegen und zu verstellen?

Versuchen Sie, die Vorschläge, die Ihnen erteilt werden, ernst zu nehmen, und überlegen Sie, welche davon zu Ihnen passen und wie Sie sie auf Ihre ganz eigene Art und Weise umsetzen und interpretieren können. Lassen Sie sich nicht von vermeintlichen »Idealbildern« von Lehrern unter Druck setzen, diese gibt es nämlich nicht!

»Ein guter Lehrer ist ein Künstler«

Allerdings würde man es sich zu leicht machen zu sagen: »Hauptsache, du bist authentisch, dann bist du schon eine gute Lehrerin bzw. ein guter Lehrer«, denn so ist es nicht! Nicht jeder Lehrer, der authentisch ist, ist ein guter Lehrer, aber jeder gute Lehrer ist authentisch!

Es ist die Kunst, den jungen Menschen eine Tür zur Welt zu öffnen, sie neugierig zu machen, es ist die Kunst, ihnen Selbstvertrauen und Orientierung zu geben. […] Gute Lehrer entfachen Begeisterung. Die Schüler dieser Lehrer erkennt man daran, dass sie etwas wissen wollen, dass sie urteilsfähig sind, Kritik üben, selbständig handeln. Das alles geht nur, wenn der Lehrer die Schüler mag und respektiert. (Prantl 2010, S. 7)

In Prantls Charakterisierung des »guten Lehrers« werden die Eigenschaften Selbstvertrauen, respektvoller und freundlicher Umgang mit den Schüler/innen und die Fähigkeit, Schüler dazu zu bringen, sich für den Unterricht zu interessieren, besonders hervorgehoben. Diese Aspekte sind auch für uns Schüler/innen wesentlich. Denn trotz der verschiedenen Persönlichkeiten gibt es einige wichtige Kompetenzen, die gute Lehrer/innen unserer Meinung nach unabhängig von ihrem Typ haben sollten. Zwar muss eine Lehrkraft ihren Charakter nicht ändern, sie kann und soll jedoch ihr Repertoire an fachlichen, pädagogischen und sozialen Kompetenzen (Abb. 3, S. 29) stetig erweitern und dabei nie die Fähigkeit zur Selbstkritik verlieren.

Abb. 3: Lehrerkompetenzen

»Der ist der geborene Lehrer!« – Einige Eigenschaften eines »geborenen Lehrers« sind wohl tatsächlich nicht erlernbar, sondern stecken in der Persönlichkeit eines Menschen. Die meisten von Ihnen haben das Lehramtsstudium vermutlich deshalb angetreten, weil sie eine gewisse Neigung verspürt haben, anderen Menschen, speziell Kindern und Jugendlichen, etwas beibringen zu wollen, zumindest aber gern mit ihnen umzugehen. Vielleicht haben Sie einschlägige Erfahrungen als Nachhilfelehrer/in, Jugendgruppenleiter/in oder Trainer/in in einem Sportverein gemacht und hier Ihr Talent entdeckt.

Wenn einem jedoch *alle* Eigenschaften eines »guten Lehrers« bereits in die Wiege gelegt wären und sie sich nicht durch Lernen und Erfahrung entwickeln könnten, wäre die gesamte Ausbildung überflüssig. Und manche/mancher von Ihnen würde vermutlich auch frustriert das Handtuch werfen, weil er/sie an sich selbst noch einige Defizite im Vergleich zum eigenen Ideal erkennt.

Wie die Graphik (Abb. 3, S. 29) veranschaulicht, liegt der Lehrerpersönlichkeit der individuelle Charakter eines Menschen zugrunde. Diese Individualität prägt auch die Art und Weise, wie die spezifischen Lehrerkompetenzen ausgebildet und wie sie miteinander verbunden werden.

Während Ihres Studiums dürfte vor allem die Ausbildung Ihrer fachlichen Kompetenzen im Mittelpunkt gestanden haben. In der Schule können Sie wahrscheinlich nur einen kleinen Teil Ihres Fachwissens anbringen. Aber Sie können uns Schüler/innen auch in diesem Bereich nichts vormachen. Wir merken, wenn eine Lehrkraft uns nur »eine Buchseite voraus« ist. Entlarvend sind hier häufige Unsicherheiten bei Rückfragen oder gar peinliche Ausweichmanöver. Natürlich wissen auch gute und erfahrene Lehrer/innen nicht alles, aber zum einen zeigt sich das nicht an jeder zweiten Schülerfrage, zum anderen können sie auch ehrlich dazu stehen, wenn sie etwas nicht wissen, und müssen es nicht kaschieren aus Angst vor Autoritätsverlust.

Fachkompetenz äußert sich aber nicht nur durch den Umfang an Sachwissen, das die Lehrerin/der Lehrer zeigt, sondern auch in der Fähigkeit, komplizierte Sachverhalte so zu vereinfachen, dass sie auch weniger begabte Schüler/innen verstehen. Außerdem gelingt es den fachkompetenten Lehrkräften normalerweise besonders gut, den Mittelweg zwischen Über- und Unterforderung sowohl im Unterricht als auch in Leistungserhebungen zu finden.

Schließlich können fachkompetente Lehrkräfte die Inhalte ihres Faches in einen größeren Wissenskontext stellen. Als besonders kompetent schätzen wir Schüler/innen solche Lehrkräfte ein, die »über den Tellerrand ihres Faches« hinausblicken können und ein großes Allgemeinwissen an den Tag legen. Wir Schüler/innen sollen Zusammenhänge zwischen den Fächern erkennen und wie ein Puzzle zu einem Gesamtbild von Kenntnissen, Fertigkeiten und Fähigkeiten kombinieren. Wie schön, wenn wir in einer Lehrerin/einem Lehrer ein reales Beispiel finden, das zeigt, wie dies gelingen kann!

Gute Lehrer/innen sind also nicht nur Experten/innen in ihrem spezifischen Fach wie z. B. Mathematik oder Deutsch, sondern gleichzeitig auch Pädagogen/innen. Die Kunst, fachliche und pädagogische Kompetenzen zum Wohl der Schüler/innen sinnvoll zu verknüpfen, äußert sich darin, das eigene Fach nicht nur inhaltlich in Relation zu anderen Fächern zu stellen, sondern auch in Bezug auf seine Wertigkeit. Eine Lehrkraft, die davon ausgeht, dass sich die Schüler/innen in erster Linie und auf Kosten anderer Fächer nur für ihr Fach engagieren, macht sich bei Schüler/innen und Kolleg/innen gleichermaßen unbeliebt!

Die pädagogische Kompetenz einer Lehrkraft zeigt sich darüber hinaus insbesondere in der richtigen Wahl und Anwendung von Methoden. Sie helfen, die Lernenden da abzuholen, wo sie stehen (S. 46). Nur wenn zur Sachkompetenz auch pädagogische Fähigkeiten wie eine anschauliche und schülernahe Stoffvermittlung hinzukommen, kann »der Funke überspringen«. So werden wir Schüler/innen motiviert, selbst aktiv zu werden und uns von der Kreativität der Lehrkraft inspirieren zu lassen. Natürlich setzt das auch ein gewisses Maß an Organisations- und Moderationsfähigkeit der Lehrerin/des Lehrers voraus.

Während die fachlichen und pädagogischen Kompetenzen zu einem großen Teil erlernt werden können, hängen die für den Lehrberuf erforderlichen sozialen Kompetenzen vielleicht am stärksten von der Persönlichkeit der Lehrkraft ab. Soziale Beziehungen haben eben auch viel mit individuellen Sympathien und Antipathien zu tun, auf die man als Lehrer/in nur sehr schwer Einfluss nehmen kann. Dennoch kann man durch bestimmte Grundhaltungen und erlernbare Fertigkeiten diese unkalkulierbaren zwischenmenschlichen Faktoren besser in den Griff bekommen, zumindest so, dass sie die Lehr-Lern-Beziehung zwischen einer Schülerin/einem Schüler und einer Lehrkraft nicht zu stark belasten.

Erinnern Sie sich an unseren »Kompass« (S. 16 f.)? Empathie und positive Wertschätzung für Schüler/innen und andere am Schulleben Beteiligte sind die Grundhaltungen, aus denen sozial kompetentes Handeln erwächst. Auf dieser Basis lassen sich hilfreiche Kommunikationsmethoden und -techniken erlernen, die ihrerseits wiederum die Grundlage für Unterrichts-, Beratungs- und Konfliktgespräche mit einzelnen Schüler/innen und Eltern (S. 118 ff.) oder mit Klassen und Gruppen sind.

Der Dreiklang von Talent, Wissen und Erfahrung

Also keine Sorge: Eine gute Lehrkraft hat sicher schon Talent »in die Wiege gelegt« bekommen, vieles kann sich aber auch noch entwickeln, manches kann man lernen! Unterschätzen Sie auch nicht den Faktor Erfahrung. Wir Schüler/innen erleben während unserer langen Schulkarriere auch so manche positive Entwicklung gerade bei jungen Lehrkräften.

Was das Wissen über die Kunst des Unterrichtens betrifft, bekommen Sie im Lauf Ihres Referendariats sicher viele wichtige Inhalte von Seminar- und Betreuungslehrkräften vermittelt. In den folgenden Kapiteln können Sie dieses Wissen ergänzen durch konkrete Tipps von uns Schüler/innen, bei denen Ihre Kunst ja letztlich ankommen soll.

KAPITEL 2:
Lern- und schülerfreundlicher Unterricht

Ein angstfreies und motivierendes Unterrichtsklima

Tamara Gürtler/Hannah Kellers

In den vorangegangenen Beiträgen haben wir die Lehrerin/den Lehrer mit einem Gärtner verglichen, der dafür sorgt, dass sich seine Pflanzen gut entwickeln können (S. 15). So wie der Gärtner nicht alle äußeren Faktoren bestimmen kann, die das Wachstum seiner Sprösslinge beeinflussen, ist auch die Lehrerin/der Lehrer von vorgegebenen zeitlichen, räumlichen und rechtlichen Rahmenbedingungen abhängig. Dem Gärtner, dem es gelingt, seine Pflanzen durch das Errichten von Kälte-, Wind- und Sonnenschutz, durch regelmäßiges Gießen, fachmännisches Kultivieren und Stützen zum Wachsen und Blühen zu bringen, schreibt man einen »grünen Daumen« zu. Was bedeutet das nun im übertragenen Sinn für die Lehrerin/den Lehrer?

Wir wollen uns in diesem Kapitel der Frage zuwenden, wie Lehrer/innen das Unterrichtsklima so günstig beeinflussen können, dass ihre Schüler/innen darin zur »vollen Entfaltung« gelangen. Damit das gelingen kann, sind zwei Grundvoraussetzungen wesentlich:

- Im Unterricht muss angstfreies Lernen möglich sein.
- Das Unterrichtsklima sollte lern- und leistungsmotivierend gestaltet sein.

Diese beiden Faktoren eines förderlichen Lernklimas stehen in einem engen Zusammenhang, sie bedingen sich teilweise sogar gegenseitig. So kann eine Lehrkraft noch so viel Wert auf motivierende Materialien legen – wenn ihr das Gespür für individuelle Schülerängste fehlt, wird sie einen Teil der Klasse eben nicht zum Lernen motivieren können.

Es geht also zunächst einmal darum, mögliche Ängste von Schüler/innen überhaupt zu erkennen. In einem zweiten Schritt ist zu reflektieren, welche dieser Ängste möglicherweise unbewusst durch das eigene Lehrerverhalten verstärkt oder aber gemindert werden können. Schließlich sollte überlegt werden, wie der Unterricht nicht nur angstfrei, sondern darüber hinaus noch inhaltlich und methodisch motivierend gestaltet werden kann.

Ängste in der Schule – ein Tabu

Können Sie sich an eine Situation während Ihrer Schulzeit erinnern, in der Sie Angst gespürt haben? Nein, wir meinen nicht die normale Aufregung bei einer schriftlichen Prüfung, die die Konzentration zuweilen auch steigern kann. Es geht auch nicht um die verständliche Nervosität vor einer Präsentation, die meist schon kurz nach Beginn verflogen ist. Wenn wir in diesem Kapitel Ängste in der Schule thematisieren und für »angstfreies Lernen« plädieren, meinen wir Ängste, die sich auf den Schulalltag beziehen und die so massiv sind, dass sie eine Person daran hindern, ihre volle Leistungsfähigkeit abrufen zu können.

Obwohl in der Fachliteratur unbestritten ist, dass Schulleistung nicht nur auf kognitiven (vor allem Intelligenz und Vorwissen), sondern zu einem wesentlichen Teil auch auf emotionalen und affektiven Faktoren (vor allem Interesse, Motivation und Angst) beruht (Keller 2000, S. 120), wird in der Praxis oft größerer Wert auf die Steigerung der kognitiven Leistungsfähigkeit gelegt. So haben wir bereits seit der Grundschule und der 5. Klasse nicht nur Stoffinhalte vermittelt bekommen, sondern man hat in entsprechenden Kursen (»Lernen lernen«) auch versucht, uns das Lernen *an sich* beizubringen.

Seit einiger Zeit haben wir jedoch den Eindruck, dass Lehrer/innen und vor allem Referendar/innen sich auch viele Gedanken machen, wie sie den Stoff motivierend präsentieren und uns Schüler/innen zu selbstständig Lernenden erziehen können. Es wird mittlerweile also auch den nicht-kognitiven Faktoren mehr Aufmerksamkeit geschenkt. Das Thema Angst ist in der Schule jedoch weitgehend tabuisiert.

Wir wissen aber von etlichen Mitschüler/innen (und vermuten das übrigens auch bei einigen Lehrkräften), dass sie mit Ängsten zu kämpfen haben, deren Ursachen im schulischen Kontext zu finden sind. Einige suchen deshalb auch Hilfe bei Psychologen oder psychiatrischen Fachärzten außerhalb der Schule. Was können die Gründe dafür sein, dass über das Thema trotz seiner offensichtlichen Bedeutung so selten gesprochen wird?

Zum einen liegt es sicher daran, dass zwar jede/r das Gefühl von Angst in der Schule zu kennen glaubt, die meisten sie jedoch aufgrund positiver Bewältigungsstrategien nicht als bedrohlich einschätzen und davon ausgehen, dass es allen so geht. Dass Angst auch *nicht* bewältigt werden kann und deshalb Leistung behindert, ist für viele nicht nachvollziehbar, wird banalisiert (»Du brauchst doch keine Angst zu haben«) oder, z. B. in Prüfungen, leichtfertig auf kognitive Ursachen zurückgeführt: »Wenn du genug gelernt hättest, hättest du keine Angst haben müssen.« Würden Sie sich in einem solchen Umfeld offen dazu bekennen, Angst zu haben? Hätten Sie nicht die Befürchtung, Ihr angegriffenes Selbstwertgefühl würde durch verständnislose Reaktionen anderer weiter in Mitleidenschaft gezogen? Zum anderen bemerkt man die Angst anderer häufig deshalb nicht, weil diese die körperlichen Symptome (z. B. Schweißausbrüche, Zittern) bewusst verbergen.

Es kann sogar sein, dass jemand seine Angst und das damit verbundene Minderwertigkeitsgefühl so zu bewältigen versucht, dass sein Verhalten das Gegenteil suggeriert. So beschreibt der Angstforscher Heinz W. Krohne (Krohne 2010, S. 118 ff.) den prüfungsängstlichen Typ des Repressers als jemanden, der die bedrohliche Situation und damit seine Furcht verdrängt und nach außen eher »cool« wirkt. In der Prüfung überkommt ihn dann die Angst überfallartig in Form eines Blackouts. Ein solcher scheinbarer Widerspruch zwischen inneren Gefühlen und äußerem Verhalten tritt nicht nur in Prüfungssituationen auf. Auch Aggressionen gegenüber Mitschüler/innen können ihre Ursache in sozialer Angst haben.

Diese Paradoxie kann übrigens auch bei Erwachsenen auftreten. Denken Sie z. B. an einen Vater, der in der Sprechstunde Ihre pädagogischen und fachlichen Fähigkeiten in Form persönlicher Angriffe massiv anzweifelt. Es kann sein, dass er einfach aus Angst um die erfolgreiche Schullaufbahn seines Kindes derartig überreagiert. Auch Lehrer/innen, die sich bei uns Schüler/innen durch übertriebene Strenge Autorität »erkämpfen«, scheinen manchmal so ihre Angst vor uns kompensieren zu wollen.

Formen der Angst in der Schule

Das Thema Angst betrifft also nicht nur uns Schüler/innen, sondern alle am Schulleben beteiligten Personen. Da wir in unserem Ratgeber aber bei Ihnen als angehende Lehrer/innen die Sensibilität für mögliche Schülerängste stärken möchten, konzentrieren wir uns hier auf die Situation der Schüler/innen.

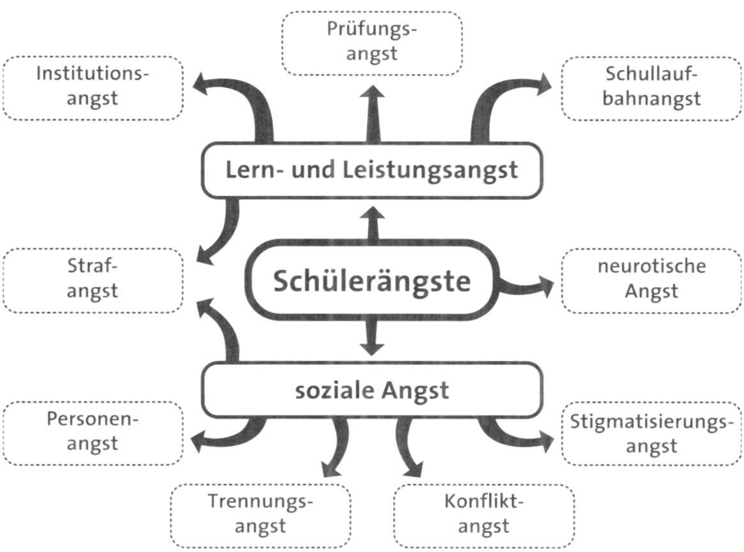

Abb. 4: Schülerängste

Wie in Abb. 4 (S. 37) dargestellt, gibt es eine große Bandbreite an Ängsten, die mit der Schule in Zusammenhang stehen und die sich teilweise gegenseitig bedingen.

Am häufigsten tritt bei Schüler/innen unserer Erfahrung nach *Lern- und Leistungsangst* auf. Sie beschränkt sich nicht auf die konkrete Angst in mündlichen oder schriftlichen Prüfungen (*Prüfungsangst*), sondern kann schon bei jungen Schüler/innen mit der langfristigen Angst verbunden sein, den angestrebten Schulabschluss nicht zu schaffen (*Schullaufbahnangst*). Schon Fünftklässler erzählen ihren Tutor/innen manchmal, sie könnten nicht schlafen, weil sie Angst hätten, nicht bis zum Abitur zu kommen.

Im Zusammenhang mit Prüfungen kommt es bei manchen Schüler/innen zu einer Überlagerung verschiedener Ängste, die nicht unmittelbar etwas mit der scheinbar »bedrohlichen Situation« zu tun haben. Davon besonders betroffen ist der prüfungsängstliche Typ des *Sensitizers* (Krohne 2010, S. 120). Er wird bereits während der Vorbereitung auf eine Prüfung, aber vor allem in der Prüfungssituation selbst von sogenannten »*worry*«-Gedanken blockiert, z. B. »Was ist, wenn die Prüfung wieder schiefgeht? Was denkt die Lehrerin über mich? Wie reagieren meine Eltern auf eine schlechte Note?« Diese Sorgen nehmen einen Großteil seiner Aufmerksamkeit und seiner Energie in Anspruch, sodass er seine wirkliche Leistungsfähigkeit nicht vollständig abrufen kann. Das zu erwartende schlechte Ergebnis bestätigt ihn in seinem negativen Selbstbild. Ohne positive Erfahrungen, die ihn darin bestärken, dass er aufgrund seiner eigenen Fähigkeiten und nicht aufgrund günstiger äußerer Umstände (z. B. leichte Aufgaben, Glück) etwas leisten kann, gerät er möglicherweise in eine Abwärtsspirale der Angst.

Bei einzelnen Schüler/innen steigert sich die Angst so, dass sie vorübergehend oder dauerhaft nicht mehr in die Schule gehen können, weil sie z. B. wegen Schulangst (*Institutionsangst*) stationär in der Kinder- und Jugendpsychiatrie behandelt werden müssen (Oelsner/Lehmkuhl 2002).

Seltener, aber unserer Erfahrung nach in zunehmendem Maß, leiden Schüler/innen unter *sozialen* Ängsten, d. h. Ängsten, die sich in oder sogar durch soziale Beziehungen ergeben. Besonders davon betroffen scheinen Fünftklässler/innen zu sein, weil auf sie so viele Neuerungen zukommen, dass sie sich manchmal alleine oder überfordert fühlen. Deshalb haben manche morgens Bauchschmerzen und wollen nicht in die Schule gehen. Dahinter kann aber auch eine versteckte Angst stehen, weil sie die vertraute Familienatmosphäre verlassen müssen.

Während solche Trennungsängste oft vorübergehend auftreten und mit entsprechender Unterstützung, beispielsweise durch Tutor/innen aus höheren Klassen, beseitigt werden können, haben einzelne Schüler/innen mit Ängsten vor bestimmten Lehrkräften oder Mitschüler/innen zu kämpfen (*Personenangst*). Gerade in der Pubertät, in der die sozialen Beziehungen mit Gleichaltrigen meist über die Schule hinaus in die Freizeit hineinreichen und auch über soziale Netzwerke gestaltet werden, können solche Personenängste mit der Angst verbunden sein, durch die Zuschreibung bestimmter Eigenschaften aus der Gruppe ausgeschlossen zu werden (*Stigmatisierungsangst*). Wenn diese Angst systematisch von Mitschüler/innen geschürt wird, handelt es sich um Mobbing – ein Problem, dem sich immer mehr Schulen aktiv stellen.

Soziale Ängste äußern sich bei betroffenen Schüler/innen oft darin, dass sie sich zurückziehen, manchmal in ein scheinbar selbst gewähltes Außenseitertum. Ein solches Verhalten zeigen auch Mitschüler/innen, die große Schwierigkeiten haben, Konflikte jedweder Form auszuhalten (*Konfliktangst*). Ihre Strategie ist es oft, Konfliktsituationen z. B. zwischen Mitschüler/innen oder zwischen Schüler/innen und Lehrkräften aus dem Weg zu gehen.

Ein solches Vermeidungsverhalten zeigen auch Schüler/innen, die in vorauseilendem Gehorsam alles tun, um nicht irgendwelchen Sanktionen ausgesetzt zu sein, und seien sie noch so harmlos wie eine Ermahnung durch einen Lehrer (*Strafangst*). Manchmal haben sie auch Angst vor der Reaktion ihrer Eltern auf einen Verweis oder auf eine schlechte Note. So kann durch die Angst vor Strafe eine Prüfungsangst verstärkt oder sogar ausgelöst werden.

Nicht vergessen möchten wir an dieser Stelle die schweren Ängste, von denen leider einzelne Schüler/innen betroffen sind und die häufig im Zusammenhang mit Krankheiten wie Depression in Form von Panikattacken vorkommen. Bei solchen neurotischen Ängsten können wir als Mitschüler/innen und Sie als Lehrkräfte beziehungsweise Referendar/innen den Betroffenen nicht wirklich helfen. Sie brauchen professionelle Unterstützung.

Wichtig sind aber auch hier wie bei allen Angstformen in der Schule das Verständnis und die Sensibilität aller Beteiligten. Denn manchen der genannten Ängste könnten Sie als Lehrkraft vorbeugen, zumindest aber vermeiden, dass Sie durch ihr eigenes Verhalten den Ängsten unbewusst Vorschub leisten.

Lern- und Leistungsangst

Ängste, die im Zusammenhang mit Lernen und Leistung stehen, treten während der Schulzeit wohl am häufigsten auf. Sie sind es auch, die von Lehrkräften positiv wie negativ wesentlich mit beeinflusst werden, wie das folgende Fallbeispiel zeigt:

> Pünktlich zum Gong sitzt Sarah auf ihrem Platz und wartet auf den Unterrichtsbeginn. Als Herr S. in der Tür erscheint, liest Sarah sofort in seinem Gesicht, dass er sich darauf freut, mal wieder einen Schüler bei der Abfrage vor der Klasse bloßzustellen. Der Gedanke daran lässt ihre Hände schwitzen und ihr Herz rasen. Wie erwartet, kündigt Herr S. die Wiederholung der letzten Stunde an, und das, obwohl der Stoff so schwierig war und ihn keiner so richtig verstanden hat! Die Nervosität breitet sich in der Klasse aus. Wen würde es wohl heute treffen?
>
> Als ob er sich in der Angst seiner Schüler suhlen wollte, lässt sich der Lehrer bei der Auswahl seines »Opfers« viel Zeit. Genüsslich streicht er mit seinem Finger über die Klassenliste und lässt seinen Blick durch die Klasse streifen. »Max, nenn mir mal eine Zahl zwischen 1 und 29.« – »17« – »Also Laura! Ach, die ist heute nicht da. Na, dann probieren wir es einfach noch mal. Eva, noch eine Zahl.« – »13« – »Ah, die 13! Da freuen wir uns mal darauf, was Sarah heute zu sagen hat. Komm doch mal vor an die Tafel ...« Sarah schleicht nach vorn und fühlt sich den Blicken ihrer Mitschüler/innen gnadenlos ausgesetzt. Immer wieder versichert sie sich selbst, dass sie keine Angst zu haben braucht, da sie sich gut auf die Stunde vorbereitet hat.
>
> Mit einem Pokerface stellt Herr S. nun die erste Frage. Kaum hat Sarah ihre Gedanken geordnet und setzt zur Antwort an, da ruft Herr S.

auch schon einen sich meldenden Mitschüler auf. Die nächste Frage kann Sarah schneller beantworten, bekommt als Rückmeldung jedoch ein »Total falsch! Wie kommst du denn auf so etwas?« Nach weiteren qualvollen Minuten darf sich Sarah nun endlich beschämt auf ihren Platz setzen. Sie ist sich sicher, dass die Abfrage bei einem anderen Lehrer besser gelaufen wäre ...

Das Fallbeispiel klingt in Ihren Ohren vermutlich überzeichnet. Die Situation selbst entspricht jedoch der Schulrealität und zeigt, wie das Verhalten des Lehrers durch die subjektive Deutung der Schülerin zu Missverständnissen führt. Ob der Lehrer tatsächlich Freude daran hat, Schüler bloßzustellen, oder ob er der Abfrage weniger Bedeutung zumisst als die Klasse oder sich sogar humorvoll vorkommt, wenn er die Abfrage derart »zelebriert« – all das wissen wir nicht.

Die Schülerin empfindet in der geschilderten Situation Angst und kann deshalb ihre normale Leistung nicht abrufen. Ihr Selbstbewusstsein für die nächste Abfrage wird somit sicherlich ebenfalls nicht gestärkt. Das Beispiel zeigt auch, welche Komponenten bei Lern- und Leistungsangst eine wesentliche Rolle spielen:

- die Angst vor Abwertung der eigenen Person
- die Angst vor einer unsicheren Situation

Wenn Sie sich als Lehrer/in dieser beiden Faktoren, die Schülerängste beeinflussen, bewusst sind, und es Ihnen am Herzen liegt, jede einzelne Schülerin und jeden einzelnen Schüler mit ihren/seinen individuellen Stärken und Schwächen wahrzunehmen, dann sollten Sie die Ängste nicht verstärken, sondern im Gegenteil: Versuchen Sie, sie zu verhindern. Sie wollen wissen, wie? Hier ein paar Tipps von »Betroffenen«:

Tipps zur Vorbeugung gegenüber Schülerängsten beim Abfragen

- Fragen Sie möglichst zu Beginn der Stunde ab und geben Sie ein klares verbales Signal, wann die Abfrage beendet ist. Für die Lernmotivation von uns Schüler/innen ist eine deutliche Trennung von Lern- und Leistungssituationen im Unterricht wichtig.

- Zelebrieren Sie die Abfrage nicht. Überlegen Sie sich vorher, wen Sie abfragen wollen, und haben Sie eine Alternative parat, falls Sie die Erstgenannte/den Erstgenannten aus irgendwelchen Gründen nicht abfragen können.
- Verzichten Sie darauf, die Abgefragte/den Abgefragten zu exponieren, indem Sie sie/ihn z. B. an die Tafel holen (außer jemand ist freiwillig dazu bereit). Manche empfinden es als Blamage, zumal wenn sie mangels Vorbereitung oder aus Angst kaum antworten können. Es ist falsch zu denken, Abfragen an der Tafel bereite »auf das spätere Leben« vor, da man dann möglicherweise auch vor Publikum sprechen müsse. Es dürfte später selten Situationen geben, in denen man das unvorbereitet tun muss.
- Überlegen Sie sich die Fragen vorher und beginnen Sie mit einer leichten Frage, die den Prüfling an das Thema heranführt. Denken Sie daran, dass er vor Ihrer Stunde möglicherweise fünf andere Fächer hatte. Verzichten Sie daher auch auf unpräzise Einstiegsfragen wie »Was haben wir letzte Stunde gemacht?«.
- Vermeiden Sie während der Abfrage unnötigen Druck durch die Mitschüler/innen. Bitten Sie die Klasse, auf Meldungen zu verzichten, solange Sie nicht gezielt dazu auffordern.
- Lassen Sie gerade am Anfang der Abfrage genügend Zeit zum Überlegen. Es ist die Phase, in der die/der Befragte möglicherweise dabei ist, ihren/seinen ersten Schock zu überwinden.
- Geben Sie durch wohlwollende Gestik und Mimik Sicherheit. Setzen Sie kein Pokerface auf, sondern signalisieren Sie, wenn die Schülerin/der Schüler etwas Richtiges sagt.
- Reagieren Sie auf Fehler sachlich und vermeiden Sie Übertreibungen (z. B. »Das ist vollkommen falsch«).
- Wenn die Schülerin/der Schüler eine Frage nicht beantworten kann, geben Sie ihr/ihm durch kleine Hilfen die Chance, doch noch auf die richtige Lösung zu kommen.
- Geben Sie am Ende der Abfrage beziehungsweise am Ende der Stunde unter vier Augen ein differenziertes und sachliches Feedback, das nicht persönlich herabwürdigend ist und durch das die Schülerin/der Schüler die Bewertung nachvollziehen kann (vgl. Transparenz in der Leistungsmessung, S. 102 ff.)

☞ Tipps zur Vermittlung von Sicherheit für die Schüler/innen bei schriftlichen Prüfungen

Auch bei schriftlichen Prüfungen gibt es Möglichkeiten, den Schüler/innen Ängste zu nehmen, indem die Lehrerin/der Lehrer Sicherheitsreize setzt:

- Geben Sie den Termin für die Prüfung rechtzeitig bekannt. Bei Tests, die laut Schulordnung unangekündigt stattfinden sollen, geben Sie den Schüler/innen die Chance, den Termin dadurch zu erahnen, dass er sinnvoll in die Unterrichtssequenz eingeplant ist und nicht zur Disziplinierung der Lerngruppe spontan dazwischengeschoben wird.
- Bereiten Sie die Schüler/innen auf die Art der Leistungserhebung vor. Zeigen Sie ihnen z. B. eine Arbeit aus dem Vorjahr. Üben Sie mit der Klasse ähnliche Aufgabentypen bereits im Vorfeld.
- Grenzen Sie rechtzeitig (mindestens eine Woche vor der Prüfung) den Lernstoff ein. Hilfreich ist auch eine zusammenfassende Wiederholung, die die Zusammenhänge zwischen Einzelthemen deutlich macht.
- Berücksichtigen Sie bei der Zeitplanung, dass die Schüler/innen sich gleichzeitig auch auf viele andere Fächer vorbereiten müssen und möglicherweise zusätzlich durch schulische Aktivitäten außerhalb des Unterrichts zeitlich gebunden sind.
- Zeigen Sie den Schüler/innen, wie man einen Lernplan erstellt, den man an die eigenen Bedürfnisse und Zeitverhältnisse anpassen kann. Ein Muster für einen solchen Lernplan finden Sie als Download auf der Produktseite zu diesem Buch unter www.beltz.de.
- Vermitteln Sie zu Beginn der Prüfung Gelassenheit und Ruhe, damit die Schüler/innen ihre Aufregung ablegen beziehungsweise in Konzentration umwandeln können.
- Klären Sie vor Beginn der Arbeitszeit in Ruhe alle Fragen, damit die Schüler/innen nicht während der Prüfung ständig in ihrer Konzentration gestört werden. Geben Sie aber vor oder in der Prüfung keine Tipps und Hilfen, die dem einen Teil der Klasse etwas bringen und den anderen vielleicht in der Konzentration stören oder sogar irritieren.
- Gehen Sie während der Prüfung nicht ständig auf und ab oder gar durch die Reihen und schauen Sie nicht einzelnen Schüler/innen beim Schreiben über die Schulter.
- Vermeiden Sie häufige Zeitangaben. Vereinbaren Sie vor der Prüfung, ob und wann ein Hinweis auf die noch verbleibende Arbeitszeit gewünscht wird. Schreiben Sie die Abgabezeit an die Tafel.
- »Reißen« Sie den Schüler/innen die Arbeiten nicht unter den Händen weg, sondern lassen Sie sie den begonnenen Satz, vielleicht sogar den Gedanken noch zu Ende schreiben.
- Überlegen Sie sich gut, ob Sie die Aufgaben unmittelbar nach der Prüfung besprechen. Wenn Sie von einzelnen Schüler/innen nach Antworten gefragt werden, können Sie diese natürlich geben. Wenn aber ängstlichen Prüflingen gegen ihren Willen die Musterlösung aufgedrängt wird, kann das für diese bis zur Herausgabe der Arbeit scheinbar endlose Zeit voller Angst bedeuten.
- Geben Sie in den Unterrichtsstunden vor der Herausgabe der Arbeit kei-

ne »Wasserstandsmeldungen« über die laufende Korrektur (»Die Arbeit fällt insgesamt wahrscheinlich ziemlich schlecht aus!«). Das bringt dem Einzelnen nichts und schürt möglicherweise unnötig Ängste.
- Geben Sie die Arbeit, wenn Sie sie fertig korrigiert haben, möglichst zu Beginn der nächsten Stunde heraus, um in Ruhe Rückfragen klären und die Reaktionen der Schüler/innen beobachten zu können. Zelebrieren Sie die Herausgabe nicht unnötig, z. B. durch ein Ausgeben in der Reihenfolge der Noten, und verzichten Sie auf persönliche (vor allem negative) Bemerkungen beim Verteilen der Arbeiten.

Indem Sie Sicherheitsreize setzen und den Schüler/innen zeigen, dass Ihre persönliche Wertschätzung nicht von der Schulleistung abhängt, können Sie ängstlichen Schüler/innen dabei helfen, ihre Angst in den Griff zu bekommen.

Angst und Sicherheit bilden ein antagonistisches (einander entgegenwirkendes) System. Sowohl Angst als auch Sicherheit können direkt durch das Auftreten von Reizen und indirekt durch das Verschwinden des gegenteiligen Zustandes ausgelöst werden. (Edelmann 2000, S. 45)

Entscheidend ist die Grundeinstellung einer guten Lehrerin/eines guten Lehrers, die nun schon öfters zur Sprache gekommen ist: Sie haben es nicht mit einer Klasse von Schüler/innen zu tun, sondern pflegen Beziehungen zu 25, 26, 28 ... individuellen Persönlichkeiten, von denen einzelne eben von mehr oder weniger großen Ängsten betroffen sind.

Übrigens lautet der Untertitel des oben (S. 19 f.) zitierten Artikels von Heribert Prantl: »[...] und wie man zu diesem Glück kommt: Ein guter Pädagoge nimmt den Schülern die Angst vor der Schule.«

Der Zusammenhang zwischen Angst und Motivation

Ängste haben viel mit (mangelndem) Selbstwertgefühl zu tun. Schule besteht zum Glück nicht nur aus Leistungssituationen, in denen sich manche Schüler/innen durch schlechte Noten, durch

Sitzenbleiben und Selektion immer wieder in ihrem negativen Selbstkonzept bestätigt fühlen. Schule ist für uns Schüler/innen auch ein Ort, an dem wir unsere eigenen Talente und Interessen entdecken können. Deshalb sind wir dankbar dafür, wenn uns unsere Lehrer/innen dabei ab und zu auf die Sprünge helfen.

Es gibt viele Situationen, in denen uns Lehrer/innen dazu ermuntern, über unseren Schatten zu springen und Dinge zu vollbringen, die wir uns vorher nicht zugetraut hätten. Die Angst, z. B. den Stoff in Mathematik nicht zu verstehen, weil man seit jeher in diesem Fach schlechte Noten bekommt, kann durch einen gut strukturierten Unterricht, anschauliche Beispiele, geduldige, individuelle Erklärungen und Ermunterungen verringert werden.

So wie Sicherheit und Angst sind auch Motivation und Angst komplementäre Begriffe, d. h., in einem lernförderlichen Unterrichtsklima kann Motivation der Angst den Platz nehmen!

Ein motivierendes Lernklima

Wie kann eine Schülerin/ein Schüler zum Lernen motiviert werden? Vermutlich hätten Sie von uns gern die ultimative Antwort auf diese »Gretchenfrage« des Lehrerberufs, da wir das als »Betroffene« doch am besten wissen müssten. So einfach die Frage auch klingt, sie pauschal zu beantworten, ist nicht möglich – die persönlichen Motive, etwas lernen zu wollen, sind individuell und damit sehr unterschiedlich. Das Leistungsmotiv ist dabei nur eines unter vielen (Schlag 2012, S. 19), auch wenn es in der Schule oft eine herausragende Stellung hat.

Doch allein diese Erkenntnis, dass Lern- und Leistungsmotivation nicht zwingend identisch sind, kann für die Gestaltung eines motivierenden Unterrichtsklimas von entscheidender Bedeutung sein. Entgegen verbreiteter Vorurteile lernen wir Schüler/innen nämlich nicht nur dann, wenn wir dafür eine Note bekommen, sondern wir lassen uns viel lieber durch ein interessantes Thema, eine anschauliche Vermittlung von Wissen und abwechslungsreiche Methoden zum Mitdenken und Mitmachen animieren sowie zu eigenständigem Reflektieren und Handeln inspirieren.

Bevor wir im nächsten Abschnitt konkret auf einzelne Elemente der Unterrichtsgestaltung eingehen, fassen wir in aller Kürze die allgemeinen Aspekte eines motivierenden Unterrichtsklimas zusammen, die sich aus den bisherigen Ausführungen zur Lehrerpersönlichkeit und zu einer angstfreien Lernatmosphäre ergeben.

Zeigen Sie uns Schüler/innen gegenüber Ihre Empathie und holen Sie uns dort ab, wo wir stehen.

Im Unterricht Empathie gegenüber uns Schüler/innen zu zeigen, bedeutet zum einen, sich einzufühlen in unsere Situation an einem möglicherweise langen Unterrichtstag mit vielen verschiedenen Fächern und Anforderungen. Empathie heißt zum anderen aber auch, sich auf unsere Denkweisen und Interessen einzulassen. Ein Unterricht, der die Lebenswelt von Kindern und Jugendlichen mit im Blick hat, kann sie wesentlich besser erreichen und zum Mitmachen animieren als ein Unterricht, der vorwiegend aus der Erwachsenenperspektive konzipiert und durchgeführt wird.

Zeigen Sie uns Schüler/innen, dass Sie uns als individuelle Persönlichkeiten wahrnehmen und wertschätzen.

Im Klassenunterricht bekommen wir von einigen Lehrer/innen das Gefühl vermittelt, sie nähmen uns nur als »amorphe Masse« wahr. Das kann sich z. B. darin äußern, dass die Lehrkraft auch nach Wochen die Namen der Schüler/innen nicht kennt oder niemanden direkt anschaut, sondern im wahrsten Sinn des Wortes »über die Köpfe hinweg sieht und spricht«. Ab und zu fragt er/sie auch etwas, als richtige Antwort gilt jedoch nur ein bestimmtes »Stichwort«; Varianten, eigene Ideen oder Fragen von Schüler/innen werden schon beinahe als Unterrichtsstörung aufgefasst.

Motivierend empfinden wir dagegen das Verhalten von Lehrer/innen, die uns einzeln im Blick haben, uns auch einmal anlächeln, unsere Beiträge ernst nehmen und uns auch nicht bei Fehlern persönlich abwerten.

Versuchen Sie das individuelle Potenzial Ihrer Schüler/innen zu erkennen und lassen Sie dadurch den Unterricht lebendig werden.

Vielleicht vermitteln wir Schüler/innen im Unterricht manchmal den Eindruck, als würden wir lieber »konsumieren« als selbst etwas tun. Natürlich schätzen wir auch hin und wieder einen guten Lehrervortrag, aber noch lieber und nachhaltiger lernen die meisten Schüler/innen, wenn sie sich – im Sinn eines konstruktivistischen Bildungsansatzes – als selbsttätig erleben und die Lehrkraft eher als Berater/in des Lernprozesses agiert. Besonders motivierend ist es, wenn die Lehrerin/der Lehrer sich auch einmal überraschen lässt von dem, was die Schüler/innen zustande bringen, und nicht die Musterlösung schon parat hat.

Seien Sie durch Ihre Einstellung im Unterricht uns Schüler/innen ein Vorbild.

Demotivierend wirken Lehrer/innen, die den Eindruck vermitteln, sie hätten selbst keine Lust zu unterrichten, oder die ein neues Thema wenig »werbewirksam« mit den Worten einleiten: »Das wird jetzt ziemlich trocken, aber wir müssen es machen, weil es im Lehrplan steht.«

Manchen Lehrer/innen gelingt es hingegen, uns durch ihre Leidenschaft für ihr Fach so zu beeindrucken, dass wir uns »mitreißen« lassen, auch wenn unsere intrinsische Motivation für die Lerninhalte zunächst wenig spürbar ist. Begeisterung steckt an!

Wenn es Ihnen also zum einen gelingt, für die Schüler/innen durch das Vermitteln von Sicherheit ein angstfreies Lernklima zu schaffen, und Sie im Unterricht zum anderen jeder einzelnen Schülerin/jedem einzelnen Schüler mit der Grundhaltung der positiven Wertschätzung und Empathie begegnen, haben Sie bereits für ein förderliches Lernklima gesorgt. Wie Sie auf dieser Grundlage in den einzelnen Phasen einer Schulstunde »guten Unterricht« halten können, wird im folgenden Abschnitt erläutert.

Elemente eines guten Unterrichts

Manuela Bünzow/Lars Hofmann/Alexander Richter

Was guter Unterricht ist, darüber lässt sich nicht nur unter uns Schüler/innen streiten. Da im Unterricht immer verschiedene Persönlichkeiten aufeinandertreffen, ist es offenkundig, dass auch die Bewertung dieses Unterrichts unterschiedlich ausfällt. Der eine kommt mit dem Unterrichtsstil eines Lehrers super klar, die andere ist von dessen Unterricht genervt. In einer Klasse schafft der Unterrichtsstil der Lehrkraft eine gute Basis für Kommunikation und Lernen, in einer anderen Klasse findet derselbe Stil keine Anhänger, und es kommt zu Konflikten und ständigen Missverständnissen. Trotz dieses unterschiedlichen Erlebens und der unterschiedlichen Einschätzung gibt es unserer Erfahrung nach einige Grundpfeiler, die zu einer guten Stunde unbedingt dazugehören:

- ein gelungener und motivierender Unterrichtseinstieg,
- schülergerechte Unterrichts-/Sozialformen,
- ein wohl dosierter Einsatz von Lehrer- beziehungsweise Schülervortrag,
- ein sinnvoller Gebrauch von Medien und Methoden,
- eine effektive Sicherung der im Unterricht erarbeiteten Inhalte,
- eine durchdachte Hausaufgabenstellung,
- und schließlich ein gelungener Abschluss.

Der Unterrichtseinstieg

Es gibt verschiedene Möglichkeiten, die Aufmerksamkeit und das Interesse von Schüler/innen zu Beginn der Unterrichtsstunde zu wecken. Wichtig ist es hierbei, eine angenehme Atmosphäre für ein gutes Unterrichtsklima zu schaffen, gleichzeitig aber auch motivierend auf uns einzuwirken (S. 45 ff.).

Grundsätzlich lassen sich Unterrichtseinstiege aus der Sicht der Schülerin/des Schülers in zwei verschiedene Kategorien einteilen:

- diejenigen, in der Schüler/innen eher in der rezeptiven Rolle sind,
- und diejenigen, in der die Schüler/innen zur Eigentätigkeit aktiviert werden.

Die folgenden Formen des Unterrichtseinstiegs halten die Schülerin/den Schüler in der rezeptiven Rolle:

Informierender Unterrichtseinstieg
Die Lehrkraft schildert kurz den Stundenverlauf und visualisiert ihn an der Seitentafel oder mittels Projektion. Hierbei sollten folgende Punkte genannt werden:

- Thema der Stunde,
- Lernaktivitäten,
- Lernziele (und »Nutzen« für die Schüler/innen).

Dies schafft Struktur und hilft dabei, sich während des Unterrichtsgeschehens zu orientieren. Die Übersicht sollte aber nicht zu kleinschrittig sein. Ebenso ist darauf zu achten, dass der zu Beginn vorgestellte Unterrichtsverlauf auch tatsächlich realisiert wird.

Präsentation eines Filmausschnitts
Mit der Präsentation eines sorgfältig ausgewählten Filmausschnitts kann ein direkter Zugang zum Stundenthema erfolgen. Dazu sollte die Filmsequenz nicht zu lang sein und zügig auf den Punkt kommen. Bei dieser Präsentationform sind die Tipps zur Mediennutzung (S. 63 ff.) zu beachten.

Schilderung von persönlichen Erlebnissen durch die Lehrkraft
Eindrucksvoll kann es für uns Schüler/innen sein, wenn die Lehrkraft mit einer sehr persönlich gefärbten Schilderung in die Unterrichtsstunde einführt. Diese Schilderungen zeugen von Vertrauen und sind abwechslungsreich. Trotz dieses Vertrauensverhältnisses sollte der Lehrer aber die natürliche Distanz wahren und diese Schilderungen entsprechend gestalten.

Ein Vorteil dieser rezeptiven Einstiege ist die Tatsache, dass man den Verlauf und die Dauer des Unterrichtseinstiegs selbst gut planen kann. Dadurch lässt sich das Gesamtkonzept der Stunde besser verwirklichen. Für uns Schüler/innen bietet diese Form des

Unterrichtseinstiegs den Vorteil, dass wir zunächst nicht überrollt oder gar überfordert werden. Denn der Wechsel im 45-Minuten-Takt von unterschiedlichen Fächern und die Platzierung der Stunden im Wochenplan führen dazu, dass nicht in jeder Stunde der gleiche Grad an Aufmerksamkeit und Belastungsfähigkeit vorherrscht. So werden wir also recht behutsam dort abgeholt, wo wir uns befinden.

Bei allen dargestellten Formen des Einstiegs ist zu beachten, dass diese zeitlich relativ begrenzt gehalten werden. Sonst besteht entweder die Gefahr, dass der Einstieg schon zum Kern der Stunde wird oder dass Schüler/innen in Gedanken abschweifen und den Anschluss an den folgenden Unterricht verlieren. Wichtig ist es daher, durch eigene Motivation und eigenen Elan Neugierde und Aufmerksamkeit zu wecken.

Die folgenden Formen des Unterrichtseinstiegs motivieren Schüler/innen zur Selbsttätigkeit:

Interpretation von Bildmaterial (Comics, Karikaturen, Bildern)
Im Unterschied zum Filmausschnitt verlangt die Arbeit mit Bildmaterial sofort die Eigentätigkeit der Schüler/innen, wenn im Unterrichtsgespräch Bilder beschrieben und interpretiert werden.
Bei der Auswahl des Bildmaterials ist darauf zu achten, dass es einen hohen Aufforderungsgehalt besitzt. Es darf also in seiner Aussage nicht zu einfach oder zu offensichtlich sein, auf der anderen Seite darf es aber auch nicht überfordern. Ein angemessen ausgewähltes Material birgt die beste Chance, Schüler/innen zur Interpretation zu motivieren. Nicht zuletzt ist diese Form des Unterrichtseinstiegs auch gleichzeitig ein gutes Übungsfeld für Interpretationsaufgaben in schriftlichen Leistungserhebungen.
Interessant sind für uns beispielsweise Methoden, bei denen zunächst nur Ausschnitte aus einem Bild oder nur Teile einer Karikatur gezeigt werden. Dies setzt Kreativität frei und lädt zum Spekulieren darüber ein, wie sich die Teile ergänzen lassen. Es können auch in Sprech- und Gedankenblasen kurze Statements der dargestellten Akteure formuliert oder kurze Dialoge zwischen den Abgebildeten entwickelt werden.

Brainstorming
Mit dieser Methode äußern die Schüler/innen zu einem Stichwort oder einem Thema Assoziationen, die auf Tafel oder Folie visualisiert und gesichert werden. Dieser Zugang fördert die Kreativität und bringt mitunter neue und

interessante Verknüpfungen mit einem Thema hervor, die dann weiterentwickelt werden können. Zudem kann so an Erfahrungen und Haltungen der Schüler/innen angeknüpft werden.
Bei der Visualisierung des Brainstormings ist auf Übersichtlichkeit zu achten, damit im Anschluss effektiv weitergearbeitet werden kann. Dies ist leichter zu erreichen, wenn die einzelnen Assoziationen auf Moderationskarten geschrieben und bei der anschließenden Vorstellung gemeinsam mit der Klasse inhaltlich geclustert werden, sodass eine Struktur in den Gedanken erkennbar wird. Wenn Moderationskarten beschriftet werden, ist darauf zu achten, dass groß und leserlich geschrieben wird, damit auch die Schüler/innen in den hinteren Reihen noch etwas erkennen können.

Anknüpfen an ein aktuelles Ereignis
Motivierend ist es auch, das Stundenthema an eine tagesaktuelle Meldung aus Politik und Gesellschaft anzuknüpfen. Diese Art des Einstiegs kann bei Schüler/innen auch über den Unterricht hinaus das Interesse für das tagesaktuelle Geschehen fördern und damit die Allgemeinbildung vertiefen. Wichtig bei diesem Einstieg ist, dass die Diskussion auf das Thema fokussiert bleibt. Dies kann dadurch geschehen, dass den Schülern/-innen schon vor der Diskussion mitgeteilt wird, wie lange über das Thema gesprochen werden soll.

Konstruktion eines Widerspruchs
Mitunter bietet sich als Einstieg in eine Stunde unter Anknüpfung an die vorausgegangene Stunde die Konstruktion eines Widerspruchs an. In provokanter Weise kann dem Thema der vorausgegangenen Stunde widersprochen werden. Dies fördert die Fähigkeit zum Transfer und hat eine hohe intellektuelle Motivationskraft. Die Gefahr liegt allerdings in der Überforderung der Klasse. Versuchen Sie in diesem Fall, die Klasse etwa durch gezielte rhetorische Fragen behutsam in die richtige Richtung zu lenken. Weiterhin besteht die Möglichkeit, den Widerspruch sehr langsam zu konstruieren.

Kurze Rollenspiele
In Form von kurzen Rollenspielen (»Anspielen«) kann man spielerisch und aktivierend in die Stunde einsteigen. Mit Rollenkarten werden Aufträge an die Schüler/innen vergeben. Wenn nicht genügend Zeit für die aufwändige Vorbereitungsarbeit dieser Rollenkarten vorhanden ist, kann die Rollenbeschreibung auch mündlich gegeben werden. Diese Rollenspiele sollten aber nicht zu komplex konstruiert werden, damit sie den Charakter eines Einstiegs behalten und in einem vertretbaren zeitlichen Rahmen ablaufen können.

Im Gegensatz zu einem Unterrichtseinstieg mit eher rezeptivem Schülerverhalten verringert ein Stundenbeginn, bei dem wir aktiv gefordert sind, die Gefahr des »Abschaltens«. Eine Aufgabe direkt zu Stundenbeginn holt uns Schüler/innen ins Boot und sorgt dafür, dass die Konzentration ausschließlich auf das Thema gelenkt wird.

Schwierigkeiten kann es bei der Durchführung eines aktiven Unterrichtseinstiegs hinsichtlich des Zeitmanagements der Unterrichtsstunde geben. Es besteht beispielsweise die Gefahr, dass Brainstormings ausufern oder eine Diskussion über ein aktuelles Ereignis vom Unterrichtsthema wegführt, anstatt dieses einzuleiten. Darum sollten solche Unterrichtseinstiege vom Lehrer/von der Lehrerin so angeleitet werden, dass sie zwar die Motivation und das Engagement von uns Schüler/innen wecken und das Thema der Stunde daran anknüpfen lassen, dabei aber einen zeitlichen Rahmen nicht sprengen.

Sonderfall Hausaufgabenverbesserung

Als Unterrichtseinstieg kontrovers diskutiert und nicht minder umstritten ist die Hausaufgabenkontrolle (vgl. zum Thema Hausaufgabe allgemein S. 71 ff.). Dieser Sonderfall steht außerhalb der oben genannten Unterscheidung von rezeptiven und aktiven Unterrichtseinstiegen. Doch erfüllt er tatsächlich die Anforderungen, die an einen guten Unterrichtseinstieg gestellt werden?

Die Hausaufgabenverbesserung zu Stundenbeginn schafft zunächst ein recht neutrales Unterrichtsklima. Wir Schüler/innen sind mit diesem Ritual vertraut und folgen ihm. Vergleichbar mit dem Reinigen der Tafel zu Stundenbeginn schafft die Hausaufgabenkontrolle eine Atmosphäre, die die Gedanken auf den Unterricht richtet.

Vorsicht ist aber im Hinblick auf die Motivation geboten. So sollten bei der Hausaufgabenkontrolle möglichst Methoden zum Einsatz kommen, die Aufmerksamkeit herstellen. Eine motivierende Anleitung (z. B. durch eine Schülerin/einen Schüler selbst in Form des »Lernen durch Lehren«, S. 63) in Kombination mit einer Visualisierung durch eine Overheadfolie kann hier durchaus schon genügen.

Und dann kommt doch alles anders ...

Diese Vorschläge zum Unterrichtseinstieg mit ihren Vorzügen, aber auch Risiken sollen nur als Richtlinien dienen. In der Praxis geschieht oftmals Unvorhersehbares und Ungeplantes, sodass das Einstiegskonzept nicht aufgeht. Bedenken Sie bei der Auswahl und Durchführung Ihres Unterrichtseinstiegs immer, das Verhalten der Klasse im Blick zu haben. Ein noch so ausgeklügeltes Konzept scheitert oftmals nicht aufgrund Ihres Versagens, sondern möglicherweise an besonderen Rahmenbedingungen. Steht z. B. eine Prüfung kurz bevor oder wurde in der vorherigen Stunde ein Leistungstest geschrieben, so sind in Ihrer darauffolgenden Stunde die Schüler/innen unkonzentriert, aufgeregt und blockiert, sich auf Ihre Impulse einzulassen. Ebenso kann eine generell schlechte Lehrer-Schüler-Beziehung die Interaktion belasten.

Aber auch genau entgegengesetzt motivierte Reaktionen der Schüler/innen treten auf. Beispiel hierfür wäre eine Diskussion über ein Ereignis, das uns Schüler/innen offenbar so sehr beschäftigt, dass die Diskussion zu keinem Ende kommt. Hier gilt es, genau hinzusehen und abzuwägen. Steht nicht gerade eine wichtige Prüfung bevor, die ein unverzügliches Fortführen des Unterrichts erfordert, kann es vorteilhaft sein, Schüler/innen weiterhin Raum zu lassen, sich in die Diskussion einzubringen und zu Wort zu kommen.

Ein Abbrechen der Diskussion irritiert, wenn die Gründe für den Abbruch nicht offengelegt werden. Dieses Vorgehen kann die Vertrauensbasis zwischen Lehrer/innen und Schüler/innen schwächen.

Sozialformen im Unterricht

Die eben dargestellten Formen des Unterrichtseinstiegs ereignen sich meistens im Plenum; schließlich sollen zu Stundenbeginn auch alle Schüler/innen aktiviert und auf das Stundenthema eingestimmt werden. Das Plenum kann aber nicht über die ganze Stunde hinweg die tragende Sozialform bilden, denn es wird weder der Unterschiedlichkeit der Lerntypen gerecht, noch können sich Schüler/innen die ganze Stunde lang im Plenum konzentrieren. Deswegen bieten sich im weiteren Verlauf einer herkömmlichen Unterrichtsstunde grundsätzlich drei verschiedene Arten der Arbeitsmethoden an.

Einzelarbeit (Stillarbeit)
Jede Schülerin/jeder Schüler erarbeitet für sich einen Sachverhalt (z.B. Textarbeit, Bearbeiten von Arbeitsblättern, Erstellen von Mindmaps).
Die Einzelarbeit schafft Ruhe und damit eine hohe Konzentration im Klassenzimmer. Sie stellt sicher, dass jede/jeder von uns arbeitet. Folglich können auch die Ergebnisse der Einzelarbeit zur Leistungsmessung herangezogen werden.
Gerade die Kombination von Einzelarbeit und Leistungsmessung kann jedoch eine angespannte Atmosphäre erzeugen, die Angst hervorruft und gerade die schwächeren Schüler/innen »im Regen« stehen lässt. Darüber hinaus kann die Lehrkraft auch nicht alle Schüler/innen einzeln betreuen. Ebenso macht das unterschiedliche Arbeitstempo einen einheitlichen und für alle passenden Abschluss der Einzelarbeit nicht immer möglich. Ein guter Tipp ist es daher, vertiefende Aufgaben für Schüler/innen parat zu haben, die besonders schnell arbeiten.
Generell ist eine klare Ansage wichtig, wie viel Zeit für die Einzelarbeit zur Verfügung steht. Prinzipiell sollte diese Zeitvorgabe für die Einzelarbeit auch eingehalten werden, aber suchen Sie in der Planung und im Unterrichtsverlauf auch nach Möglichkeiten, das vorgegebene Zeitfenster korrigieren zu können, wenn die Bearbeitung einer Aufgabe einmal mehr Zeit in Anspruch nehmen sollte.

Partnerarbeit
Jede Schülerin/jeder Schüler erarbeitet zusammen mit der Tischnachbarin/dem Tischnachbarn ein Thema beziehungsweise eine Aufgabe. Als Vorteil sehen wir, dass wir uns in der Partnerarbeit gegenseitig motivieren und unterstützen können. Ebenso ist ein Vergleich der Ergebnisse möglich.
Auch für die Partnerarbeit ist eine klare zeitliche Vorgabe wichtig. Eine Gefahr besteht darin, dass der unvermeidbar höhere Lautstärkepegel im Klassenzimmer ablenkt und somit die Konzentration geringer ist. Ebenso können im allgemeinen Lärmpegel sehr gut Seitengespräche stattfinden, die nichts mit der Aufgabenstellung zu tun haben.
Oft ist es aber auch so, dass die an sich unterschiedlichen Ansätze der Partner in der Partnerarbeit »harmonisiert« werden. Sehr schnell einigen sich die Partner/innen auf *eine* Lösung und lassen somit differenzierte Einzelmeinungen unter den Tisch fallen.

Auch eine differenzierte Leistungsmessung ist bei den Ergebnissen der Partnerarbeit problematisch.

Gruppenarbeit

Jede Schülerin/jeder Schüler arbeitet in einer Gruppe an einem Thema. Gute Gruppenarbeit will sorgfältig geplant und eingeführt sein. Zunächst sollte sich die Lehrerin/der Lehrer Gedanken machen, wie die Gruppen eingeteilt werden. Für eine Einteilung nach dem Zufallsprinzip gibt es unterschiedlich kreative Methoden. Diese reichen vom Durchzählen (von 1 bis n, je nach Anzahl der zu bildenden Gruppen) über das Ziehen von Symbol- oder Nummernkarten bis hin zum Ziehen von Süßigkeiten in entsprechenden Farben. Auf jeden Fall aber sollte eine Vorgabe gemacht werden. Der Auftrag »Nun setzt euch mal in sechs Gruppen zusammen« stößt bei uns Schüler/innen auf taube Ohren. Gerade wenn (z.B. beim Wechsel in die Oberstufe) unsere Lerngruppe neu zusammengesetzt wurde und wir uns noch nicht so gut kennen, sind wir zurückhaltend und den neuen Schüler/innen gegenüber auch unsicher. Hier wünschen wir uns die steuernde Hand der Lehrkraft.
Wenn die Lehrkraft bereits im Vorfeld bestimmte Schüler/innen für die einzelnen Gruppen festlegt, sollte sie die Motive der Zusammensetzung ganz kurz nennen und die Einteilung auch in geeigneter Form visualisieren. Auch gilt es, im Vorfeld das »Trägheitsgesetz der Masse« zu brechen: Wir verlassen ungern unsere angestammten Plätze. Deswegen muss die Lehrkraft auf eine ordentliche und kommunikative Sitzordnung in den einzelnen Gruppen Wert legen und diese auch einfordern.
Erst wenn die Gruppen eingeteilt sind und die Gruppenmitglieder an Gruppentischen Platz gefunden haben, ist es sinnvoll, die Arbeitsaufträge bekannt zu geben und das Arbeitsmaterial auszuhändigen. Je nach Umfang der Aufträge ist es geschickt, die Anweisungen und Angaben (z.B. Seiten im Buch) an der Tafel oder durch eine Projektion zu visualisieren.
Bereits an dieser Stelle möchten wir gerne erfahren, wie im Anschluss an die Gruppenarbeit die Ergebnisse präsentiert werden und wer aus der Gruppe dafür zuständig ist. Die Wahl eines Gruppensprechers kann man einer Gruppe überlassen, die Diskussion für diese Entscheidung kostet aber in der Praxis viel Zeit.
Deswegen bevorzugen Schüler/innen es meistens, wenn entweder ein Gruppenmitglied als späterer Sprecher von der Lehrkraft bestimmt wird oder wenn die Lehrkraft ankündigt, dass sie im Anschluss an die Gruppenarbeit ein Gruppenmitglied für die Zusammenfassung und Präsentation der Ergebnisse aufrufen wird. Wenn die Lehrerin/der Lehrer vorhat, diese Leistung zu bewerten, sollte sie/er dies aus Gründen der Fairness bereits an dieser Stelle ankündigen.

Des Weiteren lassen sich arbeitsgleiche und arbeitsteilige Gruppenarbeit unterscheiden. Bei der *arbeitsgleichen* Gruppenarbeit bearbeiten die einzelnen Gruppen dieselben Aufgaben. Vorteil ist, dass eine Fülle von Lösungsansätzen entwickelt wird. Nachteil ist eine gewisse Ermüdung, wenn immer wieder dieselben Lösungsansätze für dieselbe Fragestellung präsentiert werden. Hier kann es sinnvoll sein, eine Gruppe ihr vollständiges Ergebnis präsentieren zu lassen, während die anderen Gruppen im Anschluss Unterschiede zu diesem Ergebnis präsentieren beziehungsweise Ergänzungen darbieten.

Bei der *arbeitsteiligen* Gruppenarbeit bearbeiten die Gruppen jeweils unterschiedliche Aufgaben. Vorteil ist, dass so relativ schnell unterschiedliche Problemstellungen bearbeitet werden können. Nachteil ist häufig, dass die Ergebnisse zu schnell und knapp präsentiert werden, sodass ein tiefes Durchdringen der Fragestellungen im Plenum nur schwer möglich ist. Erfolgt eine Leistungsmessung bezüglich aller präsentierten Themen, beobachten wir häufig, dass die Lehrer/innen nicht berücksichtigen, dass nicht alle Themenstellungen in gleicher Weise bearbeitet werden konnten. Die größte Sicherheit besteht beim Thema der eigenen Arbeitsgruppe, die anderen Themen sind nicht so verankert.

Daher ist es Ihre Aufgabe, dafür zu sorgen, dass durch eine gemeinsame Sicherung für jede Schülerin/jeden Schüler die gleiche Chance besteht, die Ergebnisse der Gruppenarbeit zu memorieren. Um den Kenntnisstand der Klasse bezüglich des in der Gruppenarbeit erarbeiteten Unterrichtsstoffes zu überprüfen, können zusammenfassende Arbeitsblätter oder eine gemeinsame Plenumsdiskussion herangezogen werden. Vor Leistungsmessungen können Sie den Schüler/innen ebenfalls anbieten, Aufgaben zu diesem Themenbereich zu korrigieren, damit sie Rückmeldung über ihren Leistungsstand erhalten.

Welche Sozialform im Unterricht eingesetzt wird, ergibt sich aus dem Stundenverlauf und den Zielsetzungen der einzelnen Unterrichtsphasen. Deshalb sind bei der Unterrichtsplanung die Vor- und Nachteile der Sozialformen abzuwägen (Tab. 2, S. 57).

	pro	contra
Einzel-/Stillarbeit	Garantie, dass jeder Schüler/jede Schülerin arbeitet	Belastung der Klassenatmosphäre bei gleichzeitiger Leistungsmessung
	Ergebnisse als Grundlage für Leistungsmessung	Vernachlässigung schwacher Schüler/innen
	hohe Konzentration durch Ruhe	unterschiedliches Arbeitstempo
	Möglichkeit zu selbstständigem Arbeiten	keine Möglichkeit der Betreuung aller Schüler/innen
Partnerarbeit	Chance der gegenseitigen Motivation	Ablenkung durch hohen Lärmpegel
	Verbalisierung von Problemstellung und -lösung	Gefahr der Harmonisierung von Ergebnissen/Ansätzen
	gegenseitige Unterstützung	Problem der Leistungsmessung
Gruppenarbeit	gegenseitige Motivation	sehr große Lautstärke
	Möglichkeit des Ergebnisvergleichs	unterschiedliche Konzentration bei den Gruppenmitgliedern
	Chance gegenseitiger Unterstützung und »Mitnahme« der schwächeren Schüler/innen	Ungleichheit der Arbeitsverteilung in den Gruppen
	Chance für jede Schülerin/jeden Schüler, sich mit ihren/seinen Stärken einzubringen	Problem der Leistungsmessung

Tab. 2: Vorzüge und Grenzen der Sozialformen

Eine gelungene Verbindung der Sozialformen: die Ich-Du-Wir-Methode

Eine gelungene Verbindung der verschiedenen Sozialformen haben wir beim Einsatz der »Ich-Du-Wir-Methode« erlebt, bekannt auch unter der englischen Bezeichnung »think-pair-share«.

1 ICH/THINK:
Die Aufgabenstellungen werden zunächst in Stillarbeit von den Schüler/innen in einer fest vorgegebenen Zeit bearbeitet.

2 DU/PAIR:
Anschließend werden die Ergebnisse mit einer Partnerin/einem Partner verglichen. In dieser Phase haben die Schüler/innen Zeit, die eigenen Lösungsansätze zu überdenken, zu verbessern und zu erweitern. So können sie gemeinsam zu einer neuen Lösung kommen.

3 WIR/SHARE:
Zum Schluss werden die Ergebnisse in der Klasse zusammengetragen und besprochen.

Mit dieser Methode werden somit alle Arbeitsmethoden in einer sinnvollen Reihenfolge durchschritten. Besonders bietet sie sich an, um sich an ein neues Thema anzunähern. Wichtig ist es aber, schon bei der Planung der Unterrichtsstunde zu berücksichtigen, dass diese Methode eines größeren Zeitaufwands bedarf. Der Umfang an Aufgaben muss dementsprechend an die zur Verfügung stehende Zeit angepasst werden.

Weitere handlungsorientierte Methoden

Neben diesen »klassischen« Sozialformen zeigt Tab. 3 (S. 59 f.) eine Vielfalt handlungsorientierter Methoden. Sie setzen alle darauf, dass möglichst viele Schüler/innen aktiviert werden und sich gleichzeitig am Unterrichtsgeschehen beteiligen können. Gleichzeitig ermöglichen diese Methoden der Lehrerin/dem Lehrer, sich auf die Rolle der Beobachterin/des Beobachters zurückzuziehen und den Redeanteil zu reduzieren.

Methode	Kurzbeschreibung	Einsatz
Ampel-abfrage	Erheben eines Meinungsbildes: pro Teilnehmer ein Set aus je einer roten, gelben, grünen Karte = nonverbaler Ausdruck von Ablehnung, Enthaltung, Zustimmung	Einstieg in das Unterrichtsthema, Feedback
Debatte	Präsentation und Diskussion von Standpunkten in einer Podiumsrunde, möglicherweise mit vorgefertigten Rollenkarten oder als Ergebnis eigener Recherche	Abschluss einer Erarbeitungs-phase/Unterrichts-einheit
Gruppen-puzzle	arbeitsteilige Gruppenarbeit in Stammgruppen; anschließend neue Gruppen aus Experten (= je ein Mit-glied der Stammgruppen)	Erarbeitung von umfangreichen Sachverhalten
Kugellager	Anordnung je gleich vieler Stühle in einem Innenkreis (IK) und Außenkreis (AK); Schüler/innen im IK und AK schauen sich gegenseitig an; zeitlich begrenzter Meinungsaustausch zwischen zwei Schüler/innen, danach Weiterrücken des AK oder IK (→ neue Gesprächspartner/innen)	Informations- und Meinungsaustausch
Schnee-ballsystem	gestuftes Verfahren zum Sammeln und Austausch von Gedanken; Meinungsaustausch in immer größer werdenden Gruppen (3 → 6 → 9)	Hinführung zu einem Thema
Vier-Ecken-Spiel	Verfahren zur Erhebung eines Meinungsbildes und zum Meinungsaustausch; Beschriftung der Raumecken mit Standpunkten zu einem Thema; Platzierung der Teilnehmer/innen je nach Standpunkt in einer der Ecken	Einstieg

Visitenkartenmethode	Verfahren zum Meinungsaustausch schriftliches Ergänzen von Satzanfängen zu einem Thema durch jede Teilnehmerin/jeden Teilnehmer; Positionieren in Grüppchen im Raum; zur Vorstellung (→ Visitenkarte) der eigenen Standpunkte und Diskussion	Einstieg Kennenlernen abschließende Bewertung
Zitaten-/ Karikaturenrallye	Verteilung von (möglichst provokanten) Zitaten/Karikaturen im Raum; Umhergehen der Teilnehmer/innen, Meinungsaustausch, Kommunizieren des eigenen Standpunkts	Einstieg in ein neues Thema oder in eine vertiefende Diskussion

Tab. 3: Handlungsorientierte Unterrichtsmethoden

Ein guter Lehrer- beziehungsweise Schülervortrag

Neben den klassischen Sozialformen gehört der Vortrag als eigene Aktionsform immer noch zum Unterrichtsalltag – zu Recht, wie wir meinen. Ein guter Vortrag seitens der Lehrkraft ist eine effektive Form der Präsentation oder auch sinnvoll für die Zusammenfassung von Inhalten; das Schülerreferat ist eine notwendige Vorbereitung auf das Berufsleben, wo immer wieder die Präsentation von Ergebnissen und das Referieren vor Gruppen gefordert sein werden.

Lehrervortrag

Wir bilden uns nicht ein, Ihnen erklären zu müssen, wie Sie einen guten Vortrag halten: Sie haben uns eine Menge voraus. Dennoch erleben wir immer wieder Lehrervorträge, deren Qualität zu wünschen übrig lässt. Daher sind wir der Meinung, dass Ihnen die folgenden Tipps für einen gelungenen Vortrag helfen können:

Tipps für einen gelungenen Lehrervortrag

- Der Lehrervortrag eignet sich vor allem, um sachbezogene Zusammenhänge, aber auch Probleme und Fragestellungen aus der Sicht der Lehrkraft darzustellen.
- Er sollte nicht zu lang sein, fünf bis zehn Minuten am Stück genügen.
- Gliedern Sie Ihren Vortrag sinnvoll. Entwickeln Sie einen roten Faden, der für uns erkennbar ist und uns hilft, bei der Sache zu bleiben. Bemühen Sie sich, die Gliederung und die wesentlichen Aspekte Ihres Vortrags zu visualisieren. Dadurch werden bei Schüler/innen mehrere Lernkanäle gleichzeitig aktiviert. Überlegen Sie auch, wie Sie die Inhalte des Vortrags sichern.
- Um die nötige Sicherheit zu erhalten, kann es sinnvoll sein, die ersten Lehrervorträge zu proben oder die ersten Sätze der Einleitung auswendig zu lernen. Das gibt Sicherheit und schafft die ideale Basis für einen gelungenen Vortrag. Vermeiden Sie es aber in jedem Fall, den ganzen Vortrag oder längere Teile davon auswendig zu lernen. Dies wirkt oft inkompetent.
- Der Vortrag sollte für uns Schüler/innen verständlich sein. Komplizierte Syntax oder ein Übermaß an Fachbegriffen sind daher fehl am Platz. Bemühen Sie sich stattdessen um kurze Sätze, die Sie in einem angemessenen Sprechtempo und mit genügend Stimmmodulation vortragen. Um wichtige Begriffe oder Sachverhalte zu betonen, können diese gezielt wiederholt werden; zu vermeiden sind aber ständige Wiederholungen nebensächlicher Sachverhalte. Zur Sicherung des Gesagten können Sie Medien nutzen wie Tafel oder OHP.
- Verzichten Sie auf Verlegenheitsgesten. Die Hände sollten sich nicht vor oder im Gesicht beziehungsweise am Kopf befinden, sondern Ihre Gestik sollte sich auf Körperhöhe zwischen Kinn und Bauchnabel bewegen. Eine anschauliche (überlegt eingesetzte) Gestik ermöglicht uns, Ihnen länger zu folgen, und trägt zum Verständnis des Gesprochenen bei.
- Halten Sie jederzeit Blickkontakt zur Klasse, um sich während des Vortrags versichern zu können, inwieweit wir Schüler/innen noch »im Boot sind« oder ob Verständnisprobleme aufgetreten sind. Hierfür kann auch kurzes Nachfragen während des Vortrags bei den Schüler/innen hilfreich sein.
- Geben Sie am Ende Ihres Vortrags Gelegenheit für Rückfragen.

Schülervortrag

Eine Schülerin/ein Schüler präsentiert ein Kurzreferat, das in ein Thema einführt oder einen Teilaspekt eines Themas behandelt.

☞ Tipps zur Unterstützung bei Schülervorträgen

- Besprechen Sie mit den Schüler/innen die Anforderungen, die Sie an ein Referat stellen, und geben Sie Tipps zur Literaturbeschaffung und zur Ausarbeitung des Referats. Außerdem ist es wichtig, auch für die Bewertung von Referaten einen Kriterienkatalog zu präsentieren. Dieser gibt z.B. den zeitlichen Rahmen oder das gewünschte Medium zur Präsentation an. Verwenden Sie diesen Katalog zur Niederschrift von Beobachtungen während des Referats und besprechen Sie diese Aufzeichnungen mit der Schülerin/dem Schüler nach dem Referat. Dadurch zeigen Sie die von uns gewünschte Transparenz hinsichtlich der Leistungsmessung. (S. 102 ff.)
- Grenzen Sie das Thema für einen Schülervortrag klar ein, sodass die Schüler/innen dieses auch sinnvoll bearbeiten können, und teilen Sie das Referatsthema der Schülerin/dem Schüler je nach Arbeitsaufwand rechtzeitig mit.
- Sollte es während der Vorbereitungszeit dennoch zu Fragen oder Unklarheiten kommen, so sind Schüler/innen dankbar, wenn Sie sich im Vorfeld des Referats Zeit nehmen, um die Schwierigkeiten zu klären. Viele Schüler/innen sind sich dabei allerdings unsicher, inwieweit der Bedarf an Beratung negativ in die Bewertung einfließt. Ein klares Angebot Ihrerseits, dass Sie generell für Fragen zur Verfügung stehen, nimmt Schüler/innen diese Angst.
- Bestehen Sie darauf, dass auch Schüler/innen die wichtigsten Thesen und Inhalte visualisieren und mit einem Thesenpapier (Handout) sichern. Dieses Handout dient damit sowohl der Fokussierung während des Referats als auch der Zusammenfassung der wesentlichen Inhalte, die wir als Hausaufgabe durchdenken und lernen können. Damit dieses Thesenpapier fehlerfrei ist, sollte das Papier vor der Vervielfältigung und Aushändigung an die Schüler/innen von der Lehrkraft korrigiert sein.
- Schließlich ist es für Schüler/innen beruhigend, schon bei Stundenbeginn zu erfahren, in welchem Teil der Stunde das Referat gehalten werden soll.
- Den Schülervortrag sollten Sie als Ruhepol begleiten und so gerade nervösen oder ängstlichen Schüler/innen die Unsicherheit nehmen. Vermeiden Sie nach Möglichkeit eine Unterbrechung des Referats. Wenn Korrekturen und Richtigstellungen notwendig sein sollten, nehmen Sie diese erst vor, wenn der Schülervortrag beendet wurde.

Lernen durch Lehren (LdL)

Hinter diesem Schlagwort verbirgt sich eine Methode, die für den schulischen Bereich von Jean-Pol Martin 1982 an der Universität Eichstätt begründet wurde und derzeit von Joachim Grzega weiterentwickelt wird. Der Grundansatz ist die Erkenntnis, dass jemand ein Stoffgebiet besser durchdringt und Inhalte lernt, wenn sie/er dazu angehalten ist, diese Inhalte einer anderen Person zu erklären.

Im Unterricht kann dies dadurch geschehen, dass Schüler/innen einzelne Teile einer Unterrichtsstunde (z. B. die Verbesserung der Hausaufgabe, eine wiederholende Übung, Einführung in ein neues Themengebiet) oder auch eine ganze Stunde übernehmen und zu Hause Methoden und Ideen entwickeln, wie sie diesen Lernbereich ihren Mitschüler/innen so erschließen können, dass diese aktiv an der Erarbeitung teilnehmen. Durch diesen gemeinsamen Prozess der Vorbereitung und Erarbeitung lernen auch gleichzeitig die darbietenden Schüler/innen nachhaltiger (www.ldl.de).

Neben dem auf den Inhalt bezogenen Lernfortschritt ist die Methode natürlich auch geeignet, um die Kompetenzen der Präsentation und des Sprechens vor einer Gruppe einzuüben. Außerdem kann sich die Lehrerin/der Lehrer während des LdL auf die Rolle des Beobachters zurückziehen und somit den eigenen Redeanteil reduzieren.

Der Einsatz der gängigen Medien im Unterricht

Beim Einsatz von Medien sollten Sie der Devise folgen: »Medien sind nicht alles im Unterricht, aber ohne Medien ist Unterricht nichts.« Das wichtigste Medium sind schließlich Sie selbst. Von Ihnen erwarten wir, dass Sie uns Inhalte und Wissen ver-»mitteln«. Deswegen sollten Sie die Ihnen zur Verfügung stehenden technischen Hilfsmittel in den Dienst Ihrer Sache stellen. Dies gelingt nur dann, wenn Sie die Medien, die Sie einsetzen, auch beherrschen, oder wenn Sie – sollten Sie Probleme mit der Handhabung haben – auch die Unterstützung von Schüler/innen annehmen.

Eine ablehnende Haltung gegenüber Medien und Technik steht Ihnen aber – gerade als Berufsanfänger – nicht gut zu Gesicht. Wir erwarten, dass Sie mit der Nutzung der gängigen Medien vertraut sind.

Aber wie gesagt, Medien sind Hilfsmittel. Die Qualität Ihres Unterrichts hängt nicht von der Fülle und der technischen Raffinesse der eingesetzten Medien ab, sondern vom wohlüberlegten Einsatz der jeweils spezifischen Medien und von Ihrer Art des Unterrichtens. Dafür möchten wir Ihnen aus Schülersicht ein paar Tipps geben.

Tafel

Die Tafel stellt wohl das älteste und damit bewährteste aller Medien dar. Sie bietet im wahrsten Sinn des Wortes eine Fläche, auf der unmittelbar Fragen und Ergebnisse, die sich aus dem Unterrichtsgespräch ergeben, oder gedankliche Operationen (z. B. Rechenschritte in Mathematik) visualisiert werden können.

Ein ordentlicher Tafelanschrieb verschafft den notwendigen Überblick über komplexe Sachverhalte, lässt während seiner Entstehung Zeit für ein gedankliches Durchdringen des Stoffes und bietet schließlich eine verlässliche Grundlage für den Hefteintrag. Bei der Nutzung der Tafel durch Referendare/innen fallen uns immer wieder Ungeschicklichkeiten auf, die sich leicht vermeiden lassen:

Tipps für einen gelungenen Tafelanschrieb

- Bemühen Sie sich um eine leserliche Handschrift, wenn Sie an die Tafel schreiben, und achten Sie auf eine angemessene Größe Ihrer Schrift. Halten Sie sich an die vorgegebenen Lineaturen und verwenden Sie zur Anfertigung von Tabellen und für lange Unterstreichungen ein Lineal.
- Arbeiten Sie mit Farben, aber berücksichtigen Sie dabei die Erkennbarkeit: Helle und strahlende Kreidefarben (Gelb, Orange, Rot) sorgen für Akzentuierung und Anschaulichkeit, während blaue, braune und grüne Farben gerade von den hinteren Sitzplätzen aus mitunter schlecht zu erkennen sind. Dieser Effekt wird durch Spiegelungen aufgrund von Lichteinfall und Sonneneinstrahlung verstärkt.
- Die Schüler/innen verwenden in der Regel Hefte und Blätter im DIN-A4-

Format. Wenn Sie an der Tafel nicht nur einen fortlaufenden Text oder Aufzählungen visualisieren, sondern Tabellen mit vielen Spalten und Schaubilder entwickeln, die von den Schüler/innen als Hefteintrag übernommen werden sollen, denken Sie bitte daran, die Schüler/innen darauf hinzuweisen, den Eintrag in das Heft beziehungsweise auf das Blatt im Querformat zu übertragen.

- In der Regel sollten die Tafelbilder so angelegt sein, dass Schüler/innen während der Entstehung des Tafelbildes eine übersichtliche Mitschrift möglich ist. Wenn es für das wachsende Tafelbild notwendig ist, dass alle Ergebnisse auf *einer* Seite stehen, weisen Sie bitte vor Beginn des Anschriebs die Schüler/innen darauf hin. Wenn Sie ein komplexes Tafelbild planen und dieses erst im Stundenverlauf entstehen lassen und vervollständigen, halten Sie die Schüler/innen an, zunächst auf das Mitschreiben zu verzichten, und geben Sie nach Vollendung des Tafelbildes ausreichend Zeit, damit die Schüler/innen es übernehmen können.
- Bei der Arbeit an der Tafel ist die Tatsache zu berücksichtigen, dass den Schüler/innen währenddessen der Rücken zugewandt wird und so Unruhe entstehen kann (vgl. Unterrichtsstörungen und Disziplinkonflikte, S. 74 ff.) Beachten Sie auch, das Sichtfeld der Schüler/innen nicht (zu lange) einzuschränken, um eine zügige Übernahme des Tafelbildes ins Heft zu ermöglichen. Treten Sie dazu auf die linke oder rechte Seite neben die Tafel.
- Zuletzt haben Sie dafür Sorge zu tragen, dass die Tafel zum Stundenende gesäubert wird. Nur in den seltensten Fällen übernehmen Schüler/innen von sich aus diese Aufgabe. Rufen Sie deshalb den Reinigungsdienst auf, der in manchen Schulen vom Klassenleiter eingeteilt wurde, oder beauftragen Sie zwei Schüler/innen mit dieser Aufgabe. Wenn Sie nicht immer dieselben Schüler/innen zum Tafelwischen aufrufen und diesen Dienst nicht als Strafe für Fehlverhalten missbrauchen, werden Schüler/innen die Reinigung der Tafel ohne Protest übernehmen. Denken Sie aber bei Ihrer Zeitplanung daran, dass das Tafelwischen durch Schüler/innen nicht ausschließlich in deren Pausenzeit fallen soll.

Overheadprojektor (OHP)

Prinzipiell ist es auch mithilfe einer Overheadfolie auf vielfältige Art und Weise möglich, übersichtliche Strukturen, Texte, Bilder oder Karten mit dem Blick zur Klasse zu präsentieren. Das Medium kann parallel zu Ihrem Vortrag oder einem Unterrichtsgespräch verwendet und auch für die Ergebnissicherung eingesetzt werden.

Tipps für den Einsatz des OHPs

- Prinzipiell müssen Sie dafür Sorge tragen, dass der OHP einsatzfähig ist. Prüfen Sie vor Stundenbeginn, ob die Birne auch nicht defekt ist, und beseitigen Sie gegebenenfalls Verunreinigungen auf der Glasplatte und dem Umlenkspiegel.
- Während der Arbeit am OHP können Sie die Klasse besser im Blick behalten. Die Verwendung des Projektors beugt auch der Gefahr vor, mit dem Rücken zur Klasse zu sprechen, wie dies oft bei der Arbeit an der Tafel geschieht.
- Die Overheadfolie entspricht im Gegensatz zur Tafel auch dem hochformatigen Schülerheft, ermöglicht ebenso wie diese den Einsatz von Farben und lässt flexible Änderungen zu. Selbst die Ergänzung schon vorgefertigter Strukturskizzen ist möglich.
- Ebenso ist es Ihnen freigestellt, ob Sie den Hefteintrag gemeinsam mit den Schülern konstruieren oder vorher vorbereiten und ins Heft übernehmen lassen. Soll sich das Schaubild erst Stück für Stück entwickeln, prüfen Sie vorher, ob und inwieweit sich einzelne Bereiche z.B. durch Papier zunächst abdecken lassen, die dann erst im Unterrichtsverlauf aufgedeckt werden.
- Auch für die Präsentationen von Arbeitsergebnissen, die die Schüler/innen auf Folie festgehalten haben, bietet sich der OHP dank seiner technisch unkomplizierten Handhabung an. Die Möglichkeit, die Projektion an der Wand in der Höhe zu variieren, garantiert eine freie Sicht der Schüler/innen auf die Projektion.
- Um eine optimale Lesbarkeit der Projektion zu garantieren, ist eine vorherige Abdunkelung des Klassenzimmers, vor allem bei Sonneneinstrahlung, Voraussetzung.
- Verwenden Sie nach Möglichkeit wasserfeste Folienstifte. Dadurch vermeiden Sie, dass beim weiteren Schreiben der vorherige Text verwischt wird. Achten Sie auch auf eine Schriftgröße, die in den hinteren Reihen noch erkennbar ist.
- Sie können auch Folien mit darauf kopierter Lineatur einsetzen, um »abstürzende« oder »aufsteigende« Zeilen zu vermeiden und während der Erarbeitung im Unterricht übersichtlicher zu schreiben.

Beamer

Der Beamer in Verbindung mit einem PC oder Notebook bietet alle Möglichkeiten der Tafel und des OHPs und schafft darüber hinaus ideale Voraussetzungen, verschiedenste Präsentationen in das Unterrichtskonzept zu integrieren. Gegenüber der Tafel hat die Nutzung von Beamer und Computer den Vorteil, dass die Inhalte gespeichert werden können. Besser und kostengünstiger als auf der Overheadfolie lassen sich Farbbilder projizieren. Außerdem können Filme oder Webseiten in die Präsentation eingebaut werden.

Nachteil einer fertigen Präsentation ist ihre mangelnde Flexibilität. So lassen sich Schülerbeiträge und -formulierungen bei der Entwicklung eines Schaubildes nur bedingt integrieren.

Tipps für den Einsatz des Beamers

- Achten Sie bei der Vorbereitung von Präsentationen darauf, dass diese nicht zu umfangreich sind. Auch eine moderne PowerPoint-Präsentation kann zu einem langatmigen Frontalunterricht alten Zuschnitts verkommen.
- Machen Sie sich intensiv mit den Möglichkeiten der gängigen Präsentationssoftware vertraut. PowerPoint z. B. bietet wesentlich mehr Varianten, als Gedanken in Form von Spiegelstrichen darzubieten. Mit der Trigger-Funktion (als Trigger bezeichnet man Elemente auf einer PowerPoint-Folie) oder durch das Einfügen beschreibbarer Textfelder kann man während einer Präsentation z. B. Schülerbeiträge einbeziehen, ohne dabei den Vorführmodus zu verlassen (http://office.microsoft.com/de-de/powerpoint-help/erstellen-von-interaktiven-bildschirmprasentationen-in-powerpoint-mithilfe-von-triggern-HA001087300.aspx).
- Nutzen Sie die Möglichkeiten einer abwechslungsreichen Präsentation, die dem Thema angemessene Animationseffekte, Farben und Schriftarten enthält. Achten Sie auf eine leserliche Schriftgröße und auf Übersichtlichkeit der einzelnen Folien. Packen Sie diese nicht mit zu vielen Grafiken und Informationen voll, sondern reduzieren Sie die Folieninhalte auf Wesentliches. Vermeiden Sie dabei zu viel Raffinesse, damit die Art der Präsentation nicht von den Inhalten ablenkt.
- Legen Sie beim Einsatz von Farbbildern Wert auf eine hohe Auflösung und Qualität. Der Einsatz des Computers verführt leicht dazu, sich verschiedener Bilder und Grafiken aus dem Internet zu bedienen. Achten Sie unbedingt darauf, dass die Bilder und Fotos inhaltlich korrekt sind, und erläutern Sie unbedingt neue oder vom Lehrbuch abweichende Begriffe. Sonst stiftet das Bild beziehungsweise die Grafik mehr Verwirrung, als dass sie nützt.
- Während der Laptop bedient wird, kann die Lehrkraft die Klasse im Blick behalten, um aufkeimender Unruhe direkt entgegenzuwirken.

- Bedenken Sie aber, dass der Auf- und Abbau der Beamereinheit einen hohen Zeitaufwand fordert und dass technische Schwierigkeiten nicht immer ausbleiben. Bei der Verwendung von USB-Sticks in Verbindung mit schuleigenen Laptops sollte daher zuvor eine Kompatibilitätsprüfung stattfinden.

Die Sicherung der erarbeiteten Unterrichtsinhalte

Damit wir Schüler/innen in Leistungsnachweisen gute Ergebnisse erzielen, müssen alle essenziellen Informationen aus der Unterrichtsstunde kompakt und übersichtlich gesichert werden. Dies gibt uns die Möglichkeit, den Unterrichtsstoff zu einem späteren Zeitpunkt wiederholen und memorieren zu können.

Doch das ist oft leichter gesagt als getan. Nicht selten entstehen lange, komplizierte Textdiktate, unübersichtliche Skizzen und verwirrende Zusammenhänge in Mindmaps und Clustern, die allesamt in die Schülerhefte wandern. Inwiefern das Aufschreiben von Sachverhalten dazu beiträgt, sich diese einzuprägen, ist individuell sehr unterschiedlich. Es bietet sich daher an, regelmäßig unterschiedliche Methoden der Ergebnissicherung zu verwenden:

Hefteintrag
Der Hefteintrag mithilfe der Tafel oder einer Overheadfolie stellt die klassische Form der Ergebnissicherung dar. Dabei reicht eine Seite im DIN-A4-Format in den meisten Fällen aus. Längere Hefteinträge bergen oftmals ein gewisses Fehlerpotenzial wegen der sinkenden Konzentrationsleistung und nehmen zu viel Unterrichtszeit in Anspruch. Auch im Sinne der didaktischen Reduktion ist eine längere Zusammenfassung nicht sinnvoll.
Die Verwendung von Tabellen, Mindmaps und Clustern schafft Struktur und bietet die Möglichkeit, zeitliche Abläufe, Unterschiede und Gemeinsamkeiten, Formeln oder Regeln kurz und übersichtlich darzustellen. Beachten Sie bei der praktischen Umsetzung unsere Tipps (S. 64 ff.). Nützlich ist es, das Tafelbild oder die Folie bei der Unterrichtsvorbereitung auf einer Heftseite zu entwerfen und sie dann im Unterrichtsverlauf entsprechend auf die Tafel beziehungsweise auf eine Overheadfolie zu übertragen.
Wenn Sie grafisch komplexe Tafelbilder planen, bietet es sich an, den Grundriss (Kästen, Kreise, Pfeile) als Handout auszuteilen. Während Sie in der Erar-

beitungsphase die Beiträge auf dem Grundriss auf der Overheadfolie eintragen, kann das langsam wachsende Schaubild leicht von den Schülern auf das Handout übernommen werden.

Lehrerdiktat
Von Diktaten versprechen sich Lehrer oftmals eine effizientere Sicherung. Allerdings ist dabei zu beachten, dass der Hefteintrag dadurch weniger Gliederung und Schematisierung aufweist, vor allem wenn er unter Zeitdruck entsteht. Dies ist gerade für visuelle Lerntypen ungünstig.

Handouts und Arbeitsblätter
Eine weitere Möglichkeit, den Unterrichtsstoff zu sichern, ist es, Handouts und Arbeitsblätter auszugeben. Arbeitsblätter und Handouts müssen übersichtlich und fehlerfrei gestaltet sein. Schließlich dienen sie der Aufarbeitung und zum Lernen des behandelten Unterrichtsstoffes.
Ebenso eignen sich Arbeitsblätter für die Vervielfältigung von langen Texten, Grafiken und Diagrammen, Tabellen, Skizzen und auch Bildern. Beachten Sie aber, dass in den meisten Schulen lediglich Schwarz-Weiß-Kopierer zur Verfügung stehen. Testen Sie also vorher, ob Bilder und Grafiken auch auf einer Schwarz-Weiß-Kopie noch ausreichend zu erkennen sind. Farben von Karten, Diagrammen und Grafiken können Sie durch verschiedene Musterungen ersetzen.
Schüler/innen sind Ihnen dankbar, wenn Sie die Blätter bereits mit Lochung herausgeben. So können sie direkt in die Unterlagen eingeheftet werden und Sie vermeiden das störende »Hat mal jemand einen Locher für mich?«.
Werfen Sie nicht einen Stapel Blätter einfach »unters Volk«, sondern geben Sie (am besten abgezählt) die Papiere an die vorderen Tische. Von dort aus können sie ohne Chaos und zeitsparend in die nächste Reihe weitergegeben werden. Nicht zuletzt sind Ihnen auch Schüler/innen beim Aushändigen der Papiere behilflich, wenn sie dazu höflich aufgefordert werden.

Abschluss der Unterrichtsstunde

Genauso wichtig wie ein motivierender Beginn ist ein sinnvoller Abschluss der Unterrichtsstunde. Leider fällt dieser letzte Schritt in der Praxis oftmals aufgrund von Zeitdruck unter den Tisch. So führen unvorhergesehene Verzögerungen oder ein zeitlich überfrachtetes Unterrichtskonzept in vielen Fällen zu einem abrupten Stundenende.

Dabei ist es für uns Schüler/innen wichtig, dass am Ende der Stunde ein Resümee gezogen wird. Es fasst den wesentlichen Gedankengang der Stunde zusammen, reflektiert das Unterrichtsgeschehen und meldet Ihnen zurück, ob Ihr Grundanliegen verstanden wurde. Dies kann in einer Gesamtevaluation des Gelernten in der Klasse erfolgen oder auch mit kurzen Aufgabenstellungen (Abb. 5, S. 70)

Abb. 5: Aufgaben zum Stundenabschluss

Derartige kurze zusammenfassende Beiträge lassen die Schüler/innen den Unterricht nochmals reflektieren und führen so zu einer besseren Sicherung des Stoffes. Hilfreich kann dies auch sein, um einen Einblick zu erhalten, inwieweit die Klasse den Unterrichtsstoff begriffen hat. Mit diesen Erkenntnissen kann die folgende Unterrichtsstunde vorbereitet werden.

Ein Bezug zum Unterrichtseinstieg ist nicht immer möglich, stellt aber eine sehr elegante Methode des Stundenabschlusses dar, da Beginn und Ende der Stunde einen Rahmen bilden. Selbst ein einfacher Ausblick auf das Thema der folgenden Unterrichtsstunde, der bildlich gesehen einen Bogen spannt, kann die Stunde abrunden.

Für die Lehrerin/den Lehrer bietet ein geplanter Abschluss des Unterrichts weiterhin den großen Vorteil, dass die Aufmerksamkeit der Schüler bis zum Ende der Stunde gewahrt wird, wenn diese nochmals aktiv zur Mitarbeit gefordert werden.

Schließlich können Sie den Schüler/innen die Möglichkeit geben, die Unterrichtsstunde zu bewerten (S. 113 ff.). Reflexionsbögen gegen Ende des Schuljahres spiegeln zwar Ihren Unterricht in seiner Gesamtheit wider und sind dadurch selbstverständlich sehr nützlich, doch können praktische Tipps der »Experten« direkt nach der Unterrichtsstunde nur einen Gewinn für die Qualität Ihres Unterrichts bedeuten.

Hausaufgaben

In der Regel erfolgt nach dem inhaltlichen Abschluss der Stunde die Stellung der Hausaufgabe. Bei der Hausaufgabenvergabe sollte das Ziel leitend sein, den erarbeiteten Stoff zu vertiefen und nachzubereiten. Hausaufgaben dürfen in keinem Fall dazu benutzt werden, dass Schüler/innen sich Stoff aneignen müssen, der im Unterricht aus Zeitgründen nicht behandelt werden konnte. Ebenso verbietet sich der Einsatz von Hausaufgaben als Mittel der Disziplinierung oder gar Bestrafung einer Klasse für ihr Verhalten. Die Hausaufgaben sollen vielmehr die Selbstständigkeit der Schüler/innen fördern und darüber hinaus gerade den jüngeren Schüler/innen ein Gefühl für Zeitmanagement vermitteln.

Die Menge der Hausaufgaben ist dabei an den Stundenplan, an den Prüfungsplan und an das Stattfinden außerschulischer Veranstaltungen (z. B. Klassenfahrten, Wandertage oder Projekte) anzupassen. Bedenken Sie bitte, dass im Vergleich zu Ihrer Schulzeit der Nachmittagsunterricht zugenommen hat und dass deswegen nicht mehr an jedem Nachmittag in gleichem Umfang Zeit für die Erledigung von Hausaufgaben zur Verfügung steht.

Um die Hausaufgabenvergabe sinnvoll in das Unterrichtskonzept einzugliedern, bietet sich ein Zeitpunkt gegen Ende der Unterrichtsstunde an. Eine Visualisierung der Hausaufgabenstellung – wenn es sich anbietet, mit Hinweisen auf das Schulbuch – schafft Klarheit. In jedem Fall soll die Hausaufgabenstellung zeitlich aber so erfolgen, dass Rückfragen möglich sind und dass die Hausaufgabenstellung von den Schüler/innen auch notiert werden kann.

Das Maß und der Inhalt der Hausaufgabe sollten grundsätzlich bereits bei der Unterrichtsplanung sorgfältig durchdacht und festgelegt werden. Dennoch ist in dieser Planung eine Offenheit für flexible Änderungen nötig, damit Abweichungen vom Unterrichtskonzept oder andere Erfordernisse in die Hausaufgabenstellung einbezogen werden können.

Die Sinnhaftigkeit einer Hausaufgabe erleben Schüler/innen aber nur dann, wenn die Hausaufgaben auch kontrolliert und in den weiteren Unterricht integriert werden. Hausaufgaben, die mehrmals nicht abgerufen und im Unterricht nicht besprochen werden, provozieren bei Schüler/innen auf Dauer eine Verweigerungshaltung: »Warum soll ich denn eine Hausaufgabe anfertigen, die weder eingefordert noch besprochen wird?«

Registrieren Sie also zunächst, ob die Hausaufgaben auch tatsächlich angefertigt wurden. Notieren Sie sich Versäumnisse und besprechen Sie mit den Schüler/innen, wie Sie mit diesen Versäumnissen umgehen. Klare Regelungen, die aber trotzdem im Einzelfall flexibel gehandhabt werden können, sorgen für Transparenz.

Die Besprechung der Hausaufgabe kann – z. B. nach den Vorgaben des »Lernens durch Lehren« (LdL-Methode, S. 63) – von einer Schülerin/einem Schüler übernommen werden, indem diese/dieser die Lösung der Hausaufgabe auf einer Folie festhält und der Klasse vorstellt. Um Verwirrungen zu vermeiden, ist es hilfreich, wenn die Lehrkraft mit den Schüler/innen, die die Präsentation der Hausaufgabe übernehmen, ihren Lösungsansatz im Vorfeld bespricht und so korrigierend eingreifen kann, bevor die Schüler/innen die Hausaufgabenbesprechung mit der ganzen Klasse durchführen.

Legen Sie in jedem Fall – also auch dann, wenn Sie selbst die Besprechung der Hausaufgabe übernehmen – Wert auf die Visualisierung des Lösungsweges. Dadurch können Schüler/innen ihre eigenen Lösungsansätze besser vergleichen und Korrekturen in ihren Aufzeichnungen vornehmen.

Sammeln Sie auch hin und wieder die Hefte zur Kontrolle ein. Aus Fairnessgründen wünschen wir uns allerdings, dies bereits bei der Stellung der Hausaufgabe zu erfahren. Gerade für die Vorbereitung von Leistungserhebungen im Fach Deutsch sind solche Heftkorrekturen mit Hinweisen zur Verbesserung der Leistung für Schüler/innen wertvoll.

Bedenken Sie aber auf jeden Fall, dass schriftliche Hausaufgaben nicht benotet werden, weil dies dem Grundsatz der Gleichbehandlung widerspricht. Manche Schüler/innen erfahren durch Eltern mit gymnasialer Bildung Hilfestellung bei den Hausaufgaben, die andere Eltern ihren Kindern nicht geben können. Außerdem können Sie die Urheberschaft einer schriftlich vorgelegten Hausaufgabe nicht immer zweifelsfrei feststellen.

Unterrichtsstörungen und Disziplinkonflikte

Manuela Bünzow/Alexander Richter/Simon Steinberger

Was wäre, wenn es Ihnen gelänge, als authentische Lehrerpersönlichkeit aufzutreten, die bei den Schüler/innen beliebt ist, und darüber hinaus alle Kompetenzen in sich vereinten, die zu einer »guten« Lehrerin/einem »guten« Lehrer gehören (S. 28 ff.), wenn Sie auf dieser Grundlage einen Unterricht hielten, der all den zuvor ausgeführten Kriterien für einen »guten Unterricht« entspricht (S. 48 ff.)? Würden Ihnen dann die Schüler/innen während der gesamten Stunde aufmerksam an den Lippen hängen und dabei vergessen, dass es neben der Schule noch anderes in ihrem Leben gibt?

Störungsfreier Unterricht – eine Utopie!

Nein! Nicht alles lässt sich planen – schon gar nicht in der Schule. Denn wie so oft im Leben kommt es trotz der besten Absichten anders, als man denkt:

> Heute steht im Biologieunterricht eine Übersicht über die ersten Arten von Mehrzellern auf der Erde an. Dass gerade Freitag ist, die Klasse nach dieser Stunde Unterrichtsschluss hat und ein gemeinsames Event am Wochenende ansteht, macht das Stundenthema freilich nicht spannender für die Schüler/innen. Obwohl Frau P. für die Situation der Schüler/innen Verständnis hat, muss sie – wenn auch in entschleunigter Form – dieses Thema heute behandeln.

Für Vincent und Christian ist der Stundeninhalt an diesem Tag bestenfalls von sekundärer Bedeutung; sie feiern heute gemeinsam ihren 15. Geburtstag, zu dem die ganze Klasse eingeladen ist. »Hey kannst du doch deinen MP3-Player mitbringen? Von meinem ist das Verbindungskabel hin, ich kann die neuen Alben nicht darauf laden«, flüstert Vincent Christian mit hoffnungsvollem Blick zu. »Papa hat mir in der Pause geschrieben, dass die Lieferung immer noch nicht angekommen ist«, entgegnet dieser enttäuscht, »aber wollen wir nicht Jan fragen, der hat immer ganz gute Musik auf seinem Laptop?«

Sofort übernimmt Vincent die Initiative, schreibt ein Briefchen und reicht es nach vorn in die erste Reihe. Jan liest es etwas zu auffällig, und trotz der warnenden Blicke von Frau P. antwortet er auf direktem Weg: Er dreht sich um, schüttelt den Kopf. Christian wiederum signalisiert, dass ihm unklar ist, warum das nicht möglich sein sollte. Daraufhin kippt Jan seinen Stuhl kunstvoll auf eine Schieflage von über 60 Grad gegen die Vertikale und beginnt, sich zu rechtfertigen. Nachdem seine Sitznachbarin ihn auf Frau P.s wiederholten ermahnenden Blick hingewiesen hat, verliert er beim Versuch, sich einhändig wieder »hochzukippeln«, die Kontrolle über den Stuhl und findet sich unter schallendem Gelächter am Boden wieder.

Welche Gedanken gehen einer Lehrkraft in einer solchen Situation durch den Kopf?

- »Warum kommt mein Unterricht so schlecht bei den Schüler/innen an? Interessiert sie der Stoff nicht? Präsentiere ich ihn zu langweilig? Was muss ich ändern?«
- »Mich nerven diese ständigen Störfeuer gewaltig. Da bereitet man sich stundenlang vor, versucht den Schüler/innen etwas zu bieten und dann danken sie es einem auf diese Weise!«
- »Schade! An sich hätte die Stunde gut laufen können, aber Freitag 6. Stunde – da kann man die Schüler in der Pfeife rauchen, egal, was man macht! Ging mir ja in meiner Schulzeit auch nicht anders. Aber wie reagiere ich jetzt, ohne dass die Schüler das als Einladung missverstehen, in Zukunft dauernd so unaufmerksam zu sein? Wie wahre ich meine Autorität? Was ist, wenn sich das herumspricht?«

Dieses Beispiel einer typischen Unterrichtsstörung, die mit einem Disziplinkonflikt verbunden ist, zeigt, dass die Ursachen dafür nicht zwangsläufig in der Person der Lehrkraft beziehungsweise deren Unterrichtsgestaltung liegen. Dennoch macht sie sich vermutlich Gedanken, ob sie durch ihr Verhalten zu der Störung beigetragen hat. Im geschilderten Fall trifft das aus unserer Sicht nicht zu. Das dürfte für Sie einerseits *beruhigend* sein, weil Sie sich nicht ständig durch das Auftreten von Unterrichtsstörungen selbst infrage stellen müssen, andererseits *beunruhigt* Sie diese Erkenntnis sicher auch, weil sie einmal mehr bestätigt, dass Unterricht nicht zu 100 Prozent planbar ist.

Disziplinkonflikte und Unterrichtsstörungen sind [also] aufgrund der vielfältigen Widersprüche in der Schulpraxis unausweichlich und bis zu einem gewissen Grad normale Begleiterscheinungen von Unterricht. (Lohmann 2011, S. 15)

Ein Verstoß gegen die Disziplin kann mit einer Unterrichtsstörung verbunden sein, es besteht aber kein zwingender Zusammenhang. Wenn es Ihnen gelingt, hier zu differenzieren, können Sie auch Ihre Reaktion entsprechend anpassen.

Begriffsklärungen: Unterrichtsstörung – Disziplinkonflikt

Unterrichtsstörungen sind Ereignisse, die den Lehr-Lernprozess beeinträchtigen, unterbrechen oder unmöglich machen, indem sie die Voraussetzungen, unter denen Lehren und Lernen erst stattfinden kann, teilweise oder ganz außer Kraft setzen. (Lohmann 2011, S. 14)

Unterrichtsstörungen gehen nicht zwangsläufig von einer einzelnen Person aus. Bei einem Disziplinkonflikt dagegen spielt das Schülerverhalten in der Regel eine entscheidende Rolle:

Der Begriff Disziplinkonflikt ist normabhängig: Hier geht es um die Verletzung – meist von Schülerseite – von impliziten oder expliziten Normen und Regeln, die – meist von Lehrerseite – für den reibungslosen Ablauf von Unterricht und Schulalltag vorausgesetzt werden. (Lohmann 2011, S. 14)

Mit den *expliziten* Normen und Regeln sind in erster Linie die Bestimmungen der Schul- und Hausordnung gemeint. Darüber hinaus setzen Sie als Lehrer/in natürlich auch individuelle Maßstäbe; hierauf bezieht sich der Ausdruck *implizite* Normen und Regeln. Wir erleben, was diese letztgenannten Normen und Regeln angeht, in unserem Schulalltag deutliche individuelle Unterschiede bei Lehrer/innen. Das betrifft z. B. den Geräuschpegel im Unterricht oder die Frage, ob während des Unterrichts getrunken oder gegessen werden darf.

Wenngleich hier grundsätzlich eine bessere Absprache unter den Lehrer/innen für uns Schüler/innen günstig wäre, akzeptieren wir durchaus auch unterschiedliche Maßstäbe – nur müssen diese, ebenso wie die Konsequenzen bei Verstößen, für uns transparent sein. Die Lehrerin/der Lehrer muss konsequent auf die Einhaltung achten und nicht zuletzt mit gutem Beispiel vorangehen. Wer selbst oftmals zu spät zum Unterricht erscheint, verliert an Glaubwürdigkeit, wenn er von uns Schüler/innen absolute Pünktlichkeit erwartet.

Sinnvoll ist es, gemeinsam mit den Schüler/innen Klassenregeln zu erarbeiten, sie auf einem Plakat festzuhalten und für alle gut sichtbar im Klassenzimmer aufzuhängen. Auf diese Weise vereinbarte Regeln und Normen, die das soziale Miteinander und das Verhalten im Unterricht für alle Beteiligten positiv gestalten, werden von uns akzeptiert und als verbindlich erachtet. Das bedeutet natürlich nicht, dass wir uns immer an sie halten, schließlich sind wir auch nur Menschen. Wurde sich jedoch vorab auf Regeln und Konsequenzen geeinigt, so kann sich die Lehrkraft darauf berufen. Normalerweise greifen hier auch gewisse Selbstregulierungskräfte innerhalb der Klasse.

Ursachen für Unterrichtsstörungen

Die Ursachen für Unterrichtsstörungen können vielfältig sein. Sie können von Schüler/innen, von äußeren Ursachen, aber auch vom Verhalten der Lehrkraft ausgehen (Abb. 6, S. 78).

... durch Schülerverhalten

- *Zuspätkommen*
- *Schwätzen*
- *halblaute Kommentare*
- *Äußerungen ohne Meldung*
- *unpassende Beiträge*
- *Herumzappeln*
- *Ablenken von Mitschüler/innen*
- *Werfen von Gegenständen*

Unterrichtsstörung

... durch Lehrerverhalten

- *Reaktion auf Disziplinkonflikt mit einer Schülerin/einem Schüler*
- *langes Suchen nach Unterrichtsmaterial*
- *technische Probleme mit Geräten*
- *zusammenhangloses Abschweifen vom Thema*

... durch äußere Umstände

- *Ablenkung durch vorausgehende oder folgende Ereignisse (z. B. Prüfung in einem anderen Fach am selben Tag)*
- *Randstunde*
- *unerwartete Geräusche von außen (z. B. Sirene, Maschinen, Fahrzeuge)*
- *Klopfen an der Tür*
- *außerplanmäßige Durchsage*

Abb. 6: Ursachen für Unterrichtsstörungen

Als Lehrer/in müssen Sie also nicht jede Unterrichtsstörung auf sich oder Ihren Unterricht zurückführen. Es kann allerdings sein, dass Sie durch Ihre Reaktion auf ein unerwünschtes Schülerverhalten aus einem Disziplinkonflikt eine Unterrichtsstörung machen. So kann es sinnvoller sein, einen zu spät kommenden Schüler erst am Ende der Stunde auf sein Fehlverhalten anzusprechen, anstatt ihn bei Betreten des Klassenzimmers zu ermahnen. Denn dafür müssten Sie Ihren Vortrag oder den einer Schülerin/eines Schülers unterbrechen.

Auch bei Störungen von außen kann es die richtige Reaktion sein, sie zu ignorieren beziehungsweise eine kurze Ablenkung der Schüler/innen unkommentiert zu lassen. Eine wortreiche Ermahnung würde in jedem Fall zu einer Unterrichtsstörung führen.

Wir erleben es zuweilen, dass Lehrer trotz bester Absichten einem geregelten Unterrichtsverlauf im Wege stehen, ohne dass es ihnen selbst bewusst ist. Das kann bei der Kleidung beginnen – manche Jungen lassen sich leicht durch Oberteile von jungen Referendarinnen ablenken, die weite Einblicke gewähren. Doch auch bestimmte »Tics« von Lehrern, beispielsweise die ständige

Wiederholung von Phrasen, können Schüler/innen dazu veranlassen, lieber Strichlisten zu führen, als sich auf den Unterricht zu konzentrieren.

Manchmal wird der Anteil, den die Lehrkraft an der Störung hat, nicht unmittelbar deutlich, da erst das reaktive Schülerverhalten die Unterrichtsstörung auslöst. So können auch bei einer guten Unterrichtsvorbereitung Zeitdruck oder Überforderung das Lernklima nachhaltig beeinträchtigen, wie der folgende Fall zeigt:

> In der Mathestunde steht die Wiederholung der Logarithmusgesetze an. Es ist die letzte Doppelstunde vor der Klassenarbeit, weshalb Frau S. sie minutiös vorbereitet hat. Die Planung sieht unter anderem vor, dass die Schüler/innen in Gruppen die Rechengesetze zum Thema wiederholen und sie anschließend der Klasse vorstellen. Außerdem hat die Lehrerin ein Arbeitsblatt mit weiteren Aufgaben erstellt. Während es die ersten beiden Gruppen durch ihre Präsentationen schaffen, die Rechengesetze der Klasse plausibel zu machen, gelingt dies der dritten Gruppe nicht – und das, obwohl dieser Gruppe bewusst die Klassenbesten zugeteilt wurden. Daraufhin übernimmt Frau S. selbst die Erklärung. Doch auch ihre Ausführungen werden von der Klasse nicht verstanden, deren Panik vor der bevorstehenden Klassenarbeit sich im kontinuierlich steigernden Lärmpegel äußert. Enttäuscht beginnt die Lehrerin, die Tafel zu wischen, und überlegt fieberhaft, wie sie mit dieser Situation nun umgehen soll. Die Zeit drängt, der Stoff muss bis zur Schulaufgabe verstanden sein, aber sie spürt den wachsenden Unmut und die Verunsicherung der Schüler/innen ...

Wie würden Sie in diesem Fall handeln? Folgende Reaktion auf eine solche Situation haben wir schon bei so manchen Lehrern erlebt:

> Mit gespielter Souveränität ruft Frau S. die Klasse zur Ruhe und schreibt das Rechengesetz noch einmal an die Tafel. Halblaute Äußerungen einzelner Schüler/innen, dass sie nach wie vor nichts verstünden, ignoriert die Lehrerin zunächst. Als der Protest weiter zunimmt, rechtfertigt sie ihr Vorgehen damit, dass sie das Thema bereits erschöpfend erklärt habe, und verweist auf die Seiten im Schulbuch, auf denen alles noch einmal nachgelesen werden kann. Außerdem

verteilt sie die Lösungen zu den Aufgaben auf dem Arbeitsblatt, das wegen der Unruhe nicht mehr in der Stunde bearbeitet werden kann. »Das macht ihr als Hausaufgabe. Die Lösungen habt ihr ja. Wenn ihr nicht so laut gewesen wärt, hätten wir es noch geschafft. So seid ihr selbst schuld. In der Schulaufgabe kommen ähnliche Aufgaben dran.«

Es ist klar, dass eine solche autoritäre und unflexible Reaktion der Unterrichtsstörung nicht wirklich entgegengewirkt hat und negative Folgen für das künftige Lernklima haben wird.

Wir erleben aber auch Lehrer/innen, die mit derartigen Disziplinkonflikten – an denen sie wie in diesem Fall einen wesentlichen Anteil haben – wesentlich souveräner umgehen und so eine ausufernde Unterrichtsstörung vermeiden: Sie ändern spontan ihr Konzept, gehen auf die Bedürfnisse der Schüler/innen ein und beteiligen sie an einer konstruktiven Problemlösung.

Frau S. gibt den Schüler/innen nach kurzem Überlegen die Gelegenheit zu einer kurzen Trinkpause und lässt die Klasse sich danach in einer Linie aufstellen: Die beiden Enden der Linie stellen die möglichen Extrempositionen dar (»Ich habe das Rechengesetz komplett verstanden« bzw. »Ich habe das Rechengesetz überhaupt nicht verstanden«). Nachdem die Schüler/innen sich entsprechend ihrer Selbsteinschätzung positioniert haben, wird jeweils bis 4 durchgezählt, sodass Gruppen gebildet werden, wobei sich in jeder Gruppe Schüler/innen mit jeweils unterschiedlichen Wissensständen befinden. Der Arbeitsauftrag lautet, sich das Rechengesetz gegenseitig zu erklären und gegebenenfalls Fragen für das Plenum zu formulieren. Die Arbeit in den Gruppen verläuft konzentriert und konstruktiv. Frau S. steht für Rückfragen zur Verfügung. Am Ende der Stunde, in der die Lehrerin ihr geplantes Stundenziel nicht erreicht hat, stellt die Lehrerin die Aufgaben des Arbeitsblattes als Hausaufgabe und versichert, sich bis zur Schulaufgabe von einem anderen Lehrer der Klasse noch eine Stunde zur Festigung des Stoffes geben zu lassen.

Wenn Sie als Lehrer/in eine allgemeine Unruhe in einer Klasse wahrnehmen, gehen Sie in Ihrem und im Interesse von uns Schüler/innen nicht einfach darüber hinweg. Wir schätzen es sehr, wenn Lehrer/innen uns zeigen, dass sie uns ernst nehmen, indem sie entweder unmittelbar in derselben oder in der nächsten Unterrichtsstunde ein Gespräch über diese offensichtliche Kommunikationsstörung führen. Nur so lassen sich dauerhafte Missverständnisse vermeiden.

Lehrerverhalten bei Disziplinkonflikten

Der Umgang mit Disziplinkonflikten gehört für Sie in Ihrem Berufsalltag sicher mit zu den größten Herausforderungen, da Sie sich nicht darauf vorbereiten können, sondern meist spontan reagieren müssen. Am Anfang Ihrer Karriere werden Sie vermutlich in einigen Situationen nicht immer gleich angemessen reagieren können, aber mit der Zeit gewinnen Sie durch die Erfahrungen im Unterrichtsalltag immer mehr an Sicherheit.

Aus Schülersicht können wir Ihnen leider auch keine Patentrezepte an die Hand geben, wie Sie sich in jedem Disziplinkonflikt so verhalten können, dass Sie einerseits Ihre Autorität wahren und konsequent sind, andererseits aber auch Empathie und positive Wertschätzung gegenüber den Schüler/innen erkennen lassen.

Anhand der folgenden Beispiele wollen wir Ihnen zunächst einige typische, aus unserer Sicht wenig konstruktive Konfliktlösungsstrategien von Lehrkräften vor Augen führen. Wir möchten jedoch nicht an dem Punkt »So nicht!« stehen bleiben, sondern Ihnen darüber hinaus positive Handlungsalternativen aufzeigen, die wir bei vielen unserer Lehrer/innen auch erleben.

Lehrerverhalten bei Unterrichtsstörungen durch Schüler/innen

> Deutschunterricht nach der ersten Pause in der 8a. Widerwillig macht sich Herr B. kurz vor Stundenbeginn auf den Weg vom Lehrer- ins Klassenzimmer. Die Klasse gehört wegen ihres Verhaltens nicht gerade zu seinen Lieblingen. Beim Betreten des Raumes das übliche Bild: Nur wenige Schüler/innen sitzen auf ihren Plätzen und haben ihr Unterrichtsmaterial vorbereitet, die meisten stehen in laute Gespräche vertieft am Fenster und verzehren ihr Pausenbrot. Zwei Schüler

duellieren sich um eine Mütze. »Hinsetzen!«, schreit Herr B. aus Leibeskräften in die Menge. Einige Schüler nehmen durch den scharfen Ton aufgeschreckt umgehend ihre Plätze ein, andere lassen sich Zeit, verstauen in aller Ruhe ihre Pausenreste in der Schultasche, wieder andere reagieren nicht, weil sie die Ansage des Lehrers gar nicht erst wahrgenommen haben. »Ja wird's bald?!« Herrn B.s Stimme wird noch ungeduldiger. »Ist doch immer dasselbe mit euch. Man hat mich schon zu Beginn des Schuljahres vor eurer Klasse gewarnt. Ihr habt ja wirklich den schlechtesten Ruf der Schule. He, ihr zwei da am Fenster! Bequemt ihr euch jetzt vielleicht auch mal auf eure Plätze? Jedes Mal braucht ihr eine Extraeinladung.« – »Sorry, hab Sie nicht gehört«, murmelt Paul vor sich hin. »Willst du mich veräppeln?«, gibt sich der Lehrer pikiert. »Das machst du doch mit Absicht, ist ja schließlich nicht das erste Mal!« – »Wieso, wann soll ich das schon mal gemacht haben?«, wehrt sich der Schüler. »Ich bin dir keine Rechenschaft schuldig. Du weißt selbst, was ich meine. Mir reicht's! Du bekommst einen Verweis!« Nicht nur Paul setzt zum entrüsteten Widerspruch an, sondern auch unter den Mitschülern erhebt sich protestierendes Raunen. »Ruhe jetzt! Oder wollt ihr heute mehr Hausaufgaben bekommen?«

Die geschilderte Szene steht exemplarisch für Disziplinkonflikte, die den Ablauf des Unterrichts beeinträchtigen und somit zur Unterrichtsstörung werden. Auslöser des Konflikts sind hier eindeutig die Schüler, die die Anweisungen des Lehrers nicht befolgen. Dieser zeigt Strenge, er versucht »durchzugreifen«. Ob das gezeigte Lehrerverhalten die Schüler/innen langfristig zu einem disziplinierten Benehmen veranlasst, bleibt offen. Unstrittig dürfte jedoch sein, dass die Unterrichtsatmosphäre nicht dem beschriebenen motivierenden Lernklima (S. 34 ff.) entspricht. Die folgende Übersicht soll verdeutlichen, welche Verhaltensweisen des Lehrers im Konflikt ungünstig sind, was sie auslösen können und welche Handlungsalternative aus unserer Sicht zu bevorzugen wäre (Tab. 4, S. 83 f.).

ungünstiges Lehrerverhalten	mögliche Folge(n)	Handlungsalternative(n)
pauschal negative Einstellung gegenüber der Klasse; hohe negative Emotionalität vom ersten Moment an	positiv motivierte Schüler/innen werden übersehen	differenziertes Nachdenken über die Schüler/innen der Klasse
unfreundliches Anschreien der Klasse	viele disziplinierte Schüler/innen werden unnötig eingeschüchtert → angstvolle, gespannte Atmosphäre	freundliche Ermahnung, abgestufte Maßnahmen oder gezielte Einzelanweisungen
ungeduldiges Reden in die unruhige Klasse hinein; »anonyme« Anrede der Schüler/innen	Ermahnungen werden nicht wahr- bzw. nicht ernst genommen; Schüler/innen fühlen sich nicht individuell wahrgenommen	erwartungsvolle Körpersprache, Begrüßungsrituale; Geduld, Ansprache an die gesamte Klasse erst, wenn Ruhe herrscht ggf. deutliches akustisches Signal, z. B. In-die-Hände-Klatschen oder namentliches Ermahnen einzelner Schüler/innen
Pauschalurteile (»immer«, »jedes Mal«, »nie« ...)	Schüler/innen fühlen sich nicht zu konkreter Verhaltensänderung aufgefordert	konkrete Ich-Botschaft: »Mir ist es gerade zu laut. Ich möchte, dass ihr jetzt ...«; Vereinbaren eines Handzeichens oder akustischen Impulses (z. B. Gong) als Ruhesignal
Rededuell mit einem Schüler vor der Klasse	Schüler nutzt die Situation als Bühne, setzt auf die Unterstützung seiner Mitschüler/innen → der Konflikt wird unsachlich → der Lehrer gerät zunehmend unter Druck	Verschieben des Einzelgesprächs auf das Ende der Stunde »unter vier Augen«

spontane, unangemessene Bestrafung des Schülers aus der Emotion heraus	Maßnahme wird auch von Mitschüler/innen als willkürlich empfunden → Protest	Formulierung der angemessenen Sanktion erst, nachdem darüber nachgedacht wurde; Verweis auf gemeinsam erarbeitete Klassenregeln
Missbrauch von Hausaufgaben als Sanktionsmittel; unzulässige »Kollektivstrafe«	sinnvolle Funktion von Hausaufgaben wird untergraben; viele Schüler/innen fühlen sich zu Unrecht bestraft	Abwägen, ob eine Sanktion überhaupt angebracht ist und ob sie in einem Bezug zum Fehlverhalten steht; kein Missbrauch von Hausaufgaben als Strafe; Vermeiden von Kollektivstrafen

Tab. 4: Handlungsalternativen bei einer Unterrichtsstörung

Lehrerverhalten bei Nichtbefolgen von Anweisungen

Befolgt eine Schülerin/ein Schüler die Anweisung einer Lehrkraft nicht, entsteht daraus zumeist ein Disziplinkonflikt. In der Regel kann sich hier die Lehrerin/der Lehrer kraft Autorität durchsetzen, zumal wenn die Berechtigung der Forderung unstrittig ist (z. B. Anweisungen bei Gruppenarbeiten, Wischen der Tafel in der Stunde, Aufstuhlen am Ende der Stunde). Natürlich gefällt es uns besser, wenn Lehrkräfte auch dabei ihre positive Wertschätzung uns gegenüber zeigen und die Anweisung freundlich formulieren, als wenn sie ihre Autorität durch einen »Feldwebelton« untermauern wollen.

Was das Lehrerverhalten bei Nichtbefolgen der Anweisungen betrifft, lassen sich einige Grundsätze aus dem oben analysierten Beispiel übertragen:

- Verzicht auf Emotionalisierung und »leere Drohungen«,
- Vermeiden von Rededuellen,
- konsequentes Einhalten wohlüberlegter Sanktionen.

Wenngleich wir als Schüler/innen in der Regel verpflichtet sind, Anweisungen von Lehrer/innen zu befolgen, erlauben wir uns auch, diese im Einzelfall kritisch zu hinterfragen. Wenn wir bei Lehrer/innen den Eindruck gewinnen, dass ihre Forderungen unberechtigt oder gar willkürlich sind, verlieren sie rasch an Autorität, auch wenn sie sich letztlich durch das Androhen von Sanktionen durchsetzen. Das folgende Beispiel soll einen solchen Fall verdeutlichen.

> Geschichtsunterricht in der 6b; die letzte Stunde für den heutigen Unterrichtstag. Nur noch wenige Minuten bis zum ersehnten Gong. Max packt schon mal vorsorglich sein Buch in die Schultasche. Schließlich muss er sich beeilen, um den Bus noch zu erwischen. Endlich – es gongt. »Hausaufgabe, Herrschaften!« Wie immer schreibt Frau K. die Hausaufgaben erst nach der Stunde an die Tafel. Max kritzelt sie schnell noch auf ein Löschblatt und steckt hektisch sein Heft in die Tasche. »Wer hat Tafeldienst? Was – keiner meldet sich? Max, dann wischst du eben schnell noch die Tafel, sei so gut!« Der Angesprochene hat allerdings schon die Türklinke in der Hand. Ohne sich umzudrehen, murmelt er: »Nein, hab keine Zeit, muss zum Bus.« Und weg ist er. Frau K. verschlägt es kurz die Sprache, dann ruft sie Max nach: »Unverschämtheit! Dafür bekommst du einen Verweis!«

Im geschilderten Fall hat es die Lehrerin versäumt, die Stunde so rechtzeitig zu beenden, dass die Tafel noch vor dem Gong von einer Schülerin/einem Schüler gewischt werden kann. Es entstünde hier auch kein Disziplinkonflikt, wenn die Lehrerin sich vorher kundig gemacht hätte, wer für den Tafeldienst zuständig ist. Dass die Wahl der Lehrerin auf Max fällt, ist absolut willkürlich. Sie hätte fragen können, ob eine Schülerin/ein Schüler noch Zeit hat, die Tafel zu reinigen, oder es selbst machen können. Schließlich liegt die Ursache des Problems in ihrer falschen Zeitplanung. Natürlich verhält sich der Schüler in dem Beispiel nicht gerade höflich, aber ein Verweis ist als Bestrafung hier unserer Einschätzung nach unangemessen. Solche unüberlegten Handlungen seitens der Lehrerin/des Lehrers können eine dauerhafte Verschlechterung des Klassenklimas zur Folge haben, denn sie führen bei uns zu einer berechtigten Abwehrhaltung gegenüber der Lehrkraft.

Lehrerverhalten bei provokantem Schülerverhalten

Unser letztes – ebenfalls authentisches – Beispiel dreht sich um einen Disziplinkonflikt, der durch ein provokantes Schülerverhalten ausgelöst wird.

> Stundenbeginn nach der Pause in einer 11. Klasse. Als Frau W., die neue Referendarin, pünktlich mit dem Gong das Klassenzimmer betritt, ist Philipp gerade dabei, sich eine Orange zu schälen. Ohne dass er die Anwesenheit der Lehrerin bemerkt, wirft er die Obstschalen lässig hinter sich auf den Boden. »Die heben Sie jetzt bitte auf!«, spricht ihn Frau W. in einem bestimmen, aber ruhigen Ton von der Seite an. Zunächst überrascht, dann aber betont lässig erwidert der Schüler: »Nein, dafür haben wir eine Putzfrau.« Eine gespannte Stille macht sich im Klassenzimmer breit. Frau W. spürt, wie sich die erwartungsvollen Blicke der Schüler/innen auf sie richten. Sie überlegt kurz, wie sie reagieren soll, dann ...

Wie würden Sie in einer solchen Situation reagieren? Vermutlich wägen Sie zwischen folgenden Handlungsalternativen ab:

- Sie wiederholen Ihre Anweisung im freundlichen Indikativ (»Na, das machen Sie später sicher noch«), ohne zu überprüfen, ob der Schüler sie befolgt, und gehen zur Tagesordnung über. Schließlich wollen Sie es als neue Referendarin/neuer Referendar nicht gleich auf einen Machtkampf mit dem Schüler ankommen lassen. *Problem:* Die Schüler könnten Ihr Verhalten als Laissez-faire oder Mangel an Autorität auslegen.
- Sie weisen den Schüler zurecht, dass sowohl sein Verhalten als auch seine Äußerungen absolut unmöglich seien. Er solle nicht so herabwürdigend über Menschen sprechen. Es sei eine Unverschämtheit, sich so arrogant und provokant zu benehmen. Wenn er nicht sofort die Orangenschalen aufheben würde, hätte das Konsequenzen. *Problem:* Was tun Sie, wenn der Schüler sich weigert und Sie durch weitere Provokationen vor der Klasse in ein Rededuell hineinzieht?
- Sie ermahnen den Schüler noch einmal. Wenn er sich erneut weigert, verschieben Sie den Konflikt auf ein Vieraugengespräch nach der Stunde, um Zeit zum Nachdenken zu gewinnen.

Problem: Auch dann kann es sein, dass der Schüler sich der Anweisung widersetzt, um Sie zu provozieren. Sie müssten den »Machtkampf« durch eine Sanktion, z. B. einen Verweis, beenden. Wie sehr diese Maßnahme Ihre Autorität gegenüber dem Schüler für zukünftige Auseinandersetzungen gestärkt hat, ist fraglich.

Von den drei aufgezeigten Handlungsalternativen scheint die letzte noch die beste zu sein. Dennoch bleibt das Problem bestehen, dass der Schüler durch die Aktion seine »Macht« gegenüber der Referendarin zeigen, sie verunsichern und ein bestimmtes Verhalten *hervorrufen* (»pro-vozieren«) wollte und ihm das auch gelungen ist. Er wird es vermutlich wieder versuchen.

Im konkreten Fall hat die Referendarin anders reagiert, als es der Schüler erwartet hatte. Sie hat äußerlich ruhig und sachlich auf die Rechtfertigung des Schülers erwidert: »Nein, dafür ist die Putzfrau nicht da. Sie heben die Schalen jetzt auf.« Dabei strahlten ihre Körperhaltung und ihr Blick in die Augen des Schülers offenbar eine solche Entschlossenheit aus, dass dieser der Situation angespannter Stille nach einiger Zeit nicht mehr Stand halten konnte und die Schalen wortlos in den Mülleimer entsorgte. Die Referendarin wandte sich daraufhin kommentarlos ihrem Unterricht zu. Von da an war die Beziehung zwischen den beiden konfliktfrei.

In der Fachliteratur zum Umgang mit Disziplinkonflikten wird ein solches Verhalten als »paradoxe Intervention« bezeichnet (Lohmann 2011, S. 177). Eine festgefahrene Sichtweise soll erschüttert werden, damit dadurch eine Problemlösung/Verhaltensänderung möglich wird. Die Reaktion der Lehrkraft auf eine Provokation widerspricht der Erwartung des Schülers und führt seinerseits zur Verunsicherung. Dem Gegenüber wird gleichsam »der Wind aus den Segeln genommen«. Eine solche Strategie der »paradoxen Intervention« wenden einige unserer Lehrer/innen auch bei Unterrichtsstörungen an, indem sie eine als Provokation gedachte unpassende Äußerung geschickt ins Unterrichtsgespräch einbauen und den »Provokateur« durch Nachfragen in die Pflicht nehmen, den Gedanken konstruktiv weiterzuführen.

Fazit: Umgang mit Disziplinkonflikten – ein Drahtseilakt

Die Analyse unserer Beispiele dürfte Ihre bisher schon gewonnenen Erfahrungen als Lehrer/in bestätigen: Es gibt kein Allheilmittel, das man in jedem Disziplinkonflikt anwenden kann. Es handelt sich immer um Einzelfälle, die im jeweiligen Kontext betrachtet werden müssen. Wie das Unterrichten selbst ist auch der Umgang mit Störungen eine Kunst, die ein ausgeprägtes Fingerspitzengefühl erfordert. Als Lehrer/in müssen Sie – wie ein Hochseilartist – versuchen, die richtige Balance zu finden

- zwischen der gerechten Behandlung aller Schüler/innen und der Beurteilung individueller Fälle;
- zwischen der konsequenten Einforderung von Disziplin und der Berücksichtigung der jeweiligen konkreten Situation;
- zwischen der Berechenbarkeit und Flexibilität im Lehrerverhalten auf der Grundlage einer angemessenen Güterabwägung.

Wie bereits erwähnt, spielt hier sicherlich die Erfahrung eine wichtige Rolle. Einige grundsätzliche Tipps, die für Sie aber jetzt schon hilfreich sein können, haben wir hier noch einmal zusammengefasst:

☞ Präventive Maßnahmen gegen Unterrichtsstörungen

- ein freundliches, motivierendes Lernklima
- ein gut strukturierter Unterricht, in dem die Schüler/innen weder über- noch unterfordert werden
- wenig ungeplanter Leerlauf in der Stunde
- Einführen von Regeln und Ritualen sowie Festlegen und Absprache von Konsequenzen bei Verstößen gegen die Vereinbarung
- vorbildhaftes Verhalten der Lehrerin/des Lehrers (z.B. Vorbereitung, Pünktlichkeit, Einhalten von Vereinbarungen)
- das Ausstrahlen von Aufmerksamkeit, Ruhe und Souveränität durch Körperhaltung, Mimik und Gestik
- Einfordern der Aufmerksamkeit von allen Schüler/innen zu Stundenbeginn (»Sich-Sammeln«, z.B. durch Aufstehen lassen, Begrüßung)
- bewusstes »In-den-Blick-nehmen« aller Schüler/innen
- in neuen Klassen: rasches Erlernen der Schülernamen

☞ Reaktive Maßnahmen bei Disziplinkonflikten im Unterricht

- Anwenden eines abgestuften Repertoires von Maßnahmen, die zur eigenen Persönlichkeit passen (z.B. nicht »laut werden«, wenn man keine Stimme dazu hat) und die in einem sinnvollen Zusammenhang zum Fehlverhalten stehen
- Einsetzen nonverbaler Signale (z.B. ein gezielter strenger Blick zu einem Schüler), damit Disziplinkonflikte nicht zur Unterrichtsstörung werden
- direkte Ansprache der störenden Schüler/innen mit Namen
- Kontrollieren der eigenen Emotionen (»authentisch sein« heißt hier nicht, dem Ärger über die Schüler/innen ungebremst freien Lauf zu lassen)
- Bemühen um einen sachlichen, rationalen Umgang mit dem Konflikt, Vermeiden herabwürdigender Äußerungen gegenüber Schüler/innen
- Aussenden von Ich-Botschaften statt (moralischer und pauschaler) Appelle
- Anwenden von Sanktionen, Beschränkung auf die Androhung solcher Konsequenzen, die man als Lehrer/in auch auf Dauer durchhalten kann und will
- Verzicht auf Kollektivstrafen

KAPITEL 3:
Kritische Kompetenz – ein Geben und Nehmen

Feedback an die Schüler/innen

Joshua Bürzle/Dominik Opielka/Simon Steinberger

Sie als Lehrer arbeiten mit so vielen Menschen gleichzeitig zusammen, wie dies in kaum einem anderen Beruf der Fall ist. An einem normalen Schulvormittag haben Sie es bei vollem Stundenplan mit nahezu 200 Schüler/innen zu tun; und im Unterrichtsalltag ist es an der Tagesordnung, dass Sie diesen Schüler/innen Rückmeldung geben. Sie kommentieren und korrigieren das Verhalten im Klassenzimmer mit Lob und Tadel, Sie würdigen und präzisieren die Beiträge, die Schüler/innen liefern, und Sie korrigieren die schriftlichen Arbeiten und benoten sie: Sie geben Feedback.

Feedback ist die wechselseitige Rückmeldung von Interaktionspartnern. Der Feedbackgeber drückt innere Zustände aus, der Feedbackempfänger wird bewertet. Die Bewertung des Empfängers hat keinen klassifizierenden Charakter wie bei der Evaluation, sondern es geht um dessen unmittelbare Weiterentwicklung bzw. Verhaltensänderung. (http://www.zhw.uni-hamburg.de/edidakt/modul/nonflash/index.php?id=126)

Schüler/innen erwarten, dass Sie diese Rückmeldung genau, fair und sensibel vornehmen. Doch häufig werden wir mit Rückmeldung konfrontiert, deren Wirkung den Lehrer/innen – zumindest unserer Wahrnehmung nach – nicht bewusst ist. Schnell fallen im Alltagsgeschäft ironische, witzig gemeinte Bemerkungen von Lehrkräften, die eine negative Wirkung auf uns haben, gerade auch dann, wenn sie ganz anders gemeint waren. Noch häufiger geschieht es, dass Feedback unbewusst gegeben wird – aber nicht minder nachwirkend.

Wie Sie bereits erfahren haben, ist es für ein angenehmes Unterrichtsklima unabdinglich, als Lehrkraft den Schüler/innen das Gefühl von *Sicherheit* zu vermitteln. Mit dem Feedback an Ihre Schüler/innen tragen Sie dazu in großem Maße bei.

Dieses Kapitel soll Ihnen die Perspektive von Schüler/innen schildern und Ihnen Handlungsmöglichkeiten aufzeigen, die berücksichtigen, was wir uns wünschen: Wie können Sie so Rückmeldung geben, dass Schüler/innen nicht verletzt werden? Welche Bemerkungen, Haltungen und Ansätze sollten Sie besser vermeiden? Anschließend werden Arten von Feedback in verschiedenen Situationen beziehungsweise zu verschiedenen Gelegenheiten in der Schule dargelegt, und es wird die Wichtigkeit von korrektem und sensiblem Feedback aufgezeigt.

Regeln für das Feedback an Schüler/innen

Für das Gelingen von Kommunikation zwischen Schüler/innen und Lehrer/innen gelten dieselben Prinzipien, die auch ein gutes Gespräch mit Eltern ausmachen (zum Elterngespräch S. 118 ff.).

Um Ursachen für mögliche Missverständnisse zu erkennen, kann das Modell der »vier Ohren« beziehungsweise »vier Seiten einer Nachricht« des Psychologen und Kommunikationswissenschaftlers Friedemann Schulz von Thun mit angewandt werden (Schulz von Thun 2010, S. 45).

Der folgende Gesprächsverlauf zeigt beispielhaft, welche Probleme speziell beim Feedback auftreten können. Hinter Aussagen des Lehrers stehen jeweils Nummern, die in der anschließenden Reflexion des Gesprächsverlaufs aufgegriffen werden. Dadurch wird deutlich, wie sich die im Gespräch zugespitzten Pannen vermeiden lassen.

> Nach einer eher mäßigen Leistung in einem schriftlichen Test bittet Anna Herrn H. um ein Einzelgespräch. Sie erhofft sich, durch dieses Gespräch konkreten Aufschluss über Verbesserungsansätze im persönlichen Lernverhalten und Hinweise auf bessere Lösungsstrategien für fachliche Problemstellungen zu erhalten.
> Merklich angenervt beginnt Herr H. das Gespräch mit den Worten: »Na, dass du notenmäßig noch was aus dieser Katastrophe rausholen willst, war ja klar«. (1.)
> Nachdem Anna Herrn H. ihr eigentliches Anliegen dargelegt hat, antwortet er auf die Frage, wo er in der Arbeit die größten Fehlerquellen

sehe: »Na, das siehst du doch selber: Selbst wenn du überhaupt einmal die Aufgabenstellung verstanden hast, schaffst du es nicht, gedanklich beim Thema zu bleiben«. (2.)
Anna bittet Herrn H., mit ihr die Herangehensweise an die Interpretationsaufgabe zu reflektieren. »Also insgesamt ist es halt wichtig, dass du das Bild zunächst beschreibst und dann auffällige Charakteristika auf ihre Bedeutung im Kontext hin untersuchst«, ist Herrn H.s schulterzuckende Antwort. (3.)
Jetzt holt Herr H. weiter aus: »Weißt du, Anna, früher war mit den Schülern noch ein wissenschaftlicher Zugang zu einem Thema möglich. Es ist kein Wunder, dass ihr das heute nicht mehr versteht, schließlich zieht die hohe Stoffdichte im Lehrplan eine utopisch anmutende Unterrichtsplanung nach sich, die kaum mehr Zeit lässt, auf individuelle Fragen einzugehen und Unklarheiten zu beseitigen. Leider lässt sich in der Entwicklung der Unterrichtspraxis, die ich in den letzten 20 Jahren beobachten konnte…« (4.)
Anna ist froh, dass der Gong zur nächsten Unterrichtsstunde Herrn H.s Monolog ein Ende setzt …

Was in dieser fiktiven Szene geschildert wurde, zeigt (hoffentlich) ein Feedback, wie es in der Realität nicht auftritt. Trotzdem kommen einzelne Komponenten dieses Extrembeispiels im Schulalltag leider häufig vor. Wie Sie diese vermeiden können, dafür soll Sie die Analyse der dargestellten Szene sensibilisieren:

1. Herr H. beginnt damit, seine Schülerin persönlich *herabzuwürdigen*. An dieser Stelle hätte der Lehrer auf den Kommentar verzichten müssen. Er darf die Schülerin weder seine momentane Stimmungslage spüren lassen noch ihr unterstellen, dass sie um die Note feilschen möchte, sondern er muss sie als Einzelperson mit ureigenen Sorgen und Ängsten unvoreingenommen ernst nehmen. Annas erste Frage beantwortet Herr H. sehr *unsachlich*. Es sollte in seinem Interesse als Pädagoge sein, der Schülerin Fehlerquellen differenziert aufzuzeigen. Entsprechend sind eine *neutrale Wortwahl* und *differenzierte Beschreibungen* der Fehlerquellen eine Grundvoraussetzung für ein konstruktives Gespräch.

2./3. Auf Annas Frage nach der Herangehensweise gibt der Lehrer nur eine *generalisierte Antwort*. Stattdessen sollte sich Herr H. in *klaren Ich*- beziehungsweise *Du-Botschaften* mitteilen und sich dabei Annas persönlichen Schwierigkeiten beim Lösen der Aufgabe bewusst sein.

4. Der (von Anna nicht intendierte) Monolog über den Niveauverlust fachlicher Auseinandersetzung in der Schule ist ebenso unverständlich wie auch in seiner Intention unklar. Generell sollte sich Herr H. gerade im mündlichen Feedback um eine *einfache und verständliche Sprechweise* bemühen. Inhaltlich sollte er im Schülergespräch *sachbezogen und situationsorientiert* Rückmeldung geben, anstatt in Erinnerungen zu schwelgen und seinen persönlichen Unmut auszudrücken.

Machen Sie sich gut mit diesen Hinweisen vertraut und versuchen Sie, diese in mündlichen wie schriftlichen Rückmeldungen – auch in unerwarteten oder stressigen Situationen – umzusetzen.

Feedback im Unterrichtsgeschehen

Bewusst oder unbewusst – als Lehrkraft geben Sie im Unterricht sehr häufig Rückmeldung, und das ist auch gut so. Schließlich sorgen Sie so dafür, dass Ihre Schüler/innen ihre eigenen Leistungen und Beiträge direkt einordnen können. Schüler/innen wissen gerne, wo sie stehen. Unabhängig davon, ob diese Erkenntnis die eigene Wunschvorstellung trifft oder nicht: Eine Rückmeldung zeigt, *dass* beziehungsweise *wie* man verstanden worden ist. Das macht es für Schüler/innen z. B. leichter, Gespräche über Möglichkeiten der individuellen Verbesserung zu führen beziehungsweise auch einzufordern.

Generell erreichen Sie die dafür nötige Sicherheit, indem Sie auf Wortmeldungen eingehen. Lassen Sie diese nicht unkommentiert stehen, besonders wenn die Schülerin/der Schüler Schwierigkeiten hatte oder wenn es um persönliche Inhalte ging. Folgende Möglichkeiten stehen Ihnen zur Verfügung:

Tipps für den Umgang mit Schülerbeiträgen

- Fassen Sie die Wortmeldung kurz in eigenen Worten zusammen und zeigen Sie der Schülerin/dem Schüler so, dass Sie sie/ihn verstanden haben.
- Setzen Sie Körpersprache ein und vermitteln Sie wohlwollende Zustimmung oder Verständnis z. B. durch Nicken oder klare Handbewegungen.
- Leiten Sie geschickt zum nächsten Themenbereich über, indem Sie verschiedene Beiträge zusammenfassen oder einzelne Schülergedanken für den Übergang aufgreifen.

Die oben aufgeführten Tipps sind lediglich Vorschläge. Es ist aber auch klar, dass Sie Ihrer Klasse nicht stundenlang detailliert Rückmeldung geben können. Versuchen Sie also, einen vernünftigen Mittelweg zu finden: Feedback ist wichtig, soll aber den Unterrichtsfluss nicht beeinträchtigen.

Wichtig ist auch, dass Sie nicht in ein standardisiertes oder krampfhaftes Rückmelden verfallen. Bleiben Sie sich treu! Die meisten Klassen werden einer Lehrerin/einem Lehrer einen schlechten Tag problemlos verzeihen, solange sie nicht darunter leiden. Vermeiden Sie es auch, Aussagen bewusst unkommentiert zu lassen, zu ignorieren oder sie zu generalisieren.

Doch nicht nur im Frontalunterricht, sondern auch in anderen Unterrichtsformen ist es wichtig, den Schüler/innen zu zeigen, woran sie sind. Lassen Sie in Gruppenarbeiten – speziell in längeren Gruppenarbeitsphasen – Ihre Schüler/innen nicht im Ungewissen, sondern »besuchen« Sie die Arbeitsgruppen ab und an – nicht nur, um einen geregelten Ablauf sicherzustellen, sondern auch um Teilergebnisse zu reflektieren, Prozesse in der Gruppe wahrzunehmen und mit bestimmten Tipps konkret zu helfen! Oft ergeben sich während einer solchen Arbeitsphase Fragen beziehungsweise ist unklar, wie eine geeignete Lösungsstrategie aussehen kann. Solche Unklarheiten können in einem »Zwischenbesuch« besprochen werden. Sprechen Sie bitte Fehler bei dieser Gelegenheit direkt an und nicht erst bei der Präsentation der Arbeitsergebnisse!

In Diskussionen ist es für uns Schüler/innen besonders wichtig, dass Sie durch wertneutrale Moderation Sicherheit vermitteln. Sie vermeiden dadurch, dass Schüler/innen sich missverstanden fühlen, und können so auch die Diskussion besser lenken. Wenn es erforderlich ist, machen Sie die Klasse auf die Gesprächsregeln aufmerksam – auch das ist eine Art von Rückmeldung (z. B. »Ich möchte die Diskussion gerne weiterführen, dafür ist es aber wichtig, dass wir uns gegenseitig zuhören«).

Viele Schüler/innen sind diskussionsfreudig. Die weit verbreitete Annahme, Klassen wollten durch Diskussionen Zeit schinden, können wir nicht bestätigen. Vielmehr steckt hinter dem Diskussionswunsch in den meisten Fällen das Anliegen, Fragen zu klären oder sich näher mit dem Thema auseinanderzusetzen. Verständlicherweise können Sie nicht jeden Anlass zur Diskussion aufgreifen, auch wenn es sich Ihre Klasse noch so sehr wünscht. Ihre langfristige Unterrichtsplanung verbietet sicherlich an mancher Stelle einen solchen Exkurs. Wenn Sie Ihre Gründe dafür offenlegen und verschobene Diskussionen tatsächlich nachholen, ist Ihr Verhalten für uns nachvollziehbar und wird akzeptiert.

Der Unterrichtsbeitrag – ein Sonderfall der Rückmeldung

In den meisten deutschen Schulsystemen ist die Bewertung der Unterrichtsbeteiligung als eine Form der mündlichen Leistungserhebung vorgesehen. Damit ist eine Beobachtung und Bewertung von Schüler/innen über einen bestimmten Zeitraum gemeint. Dieses System stellt für die meisten Schüler/innen eine große Unbekannte dar. Dem können Sie zu einem großen Teil entgegenwirken, indem Sie zu Beginn des Schuljahres Ihr Vorgehen bei dieser Form der mündlichen Leistungserhebung der Klasse mitteilen:

Tipps für Kommunikation von Kriterien zur mündlichen Leistungserhebung

- Zeigen Sie den Schüler/innen, dass sie den Unterrichtsbeitrag als Chance, Leistung zu präsentieren, verstehen können.
- Machen Sie klar, dass eine schlechte Unterrichtsbeitragsnote wieder ausgeglichen werden kann, indem Sie die Bewertung von mindestens zwei Unterrichtsbeiträgen pro Halbjahr planen. So sinkt die Angst vor verhängnisvollen schlechten Leistungen.
- Erklären Sie, dass die Noten vergleichbar sind: Durch einheitliche Methoden (z. B. unvermitteltes Aufrufen, kurze Ergebnispräsentation und Zusammenfassungen) sollen die gleichen Voraussetzungen für alle gelten.
- Teilen Sie die Noten mit! Geben Sie auf gezielte Nachfrage von Schüler/innen nicht nur Rückmeldung über die Note an sich, sondern auch, wie sie zustande gekommen ist und wo Sie Potenzial zur Verbesserung sehen. Nehmen Sie sich die Zeit, nach der Stunde von sich aus die Schüler/innen über Ihre Bewertung der Unterrichtsbeteiligung aufzuklären.

Wenn Sie diesen Regeln folgen, handeln Sie transparent und können so Diskussionen und das (latente) Gefühl, ungerecht behandelt zu werden, vermeiden. Nehmen Sie sich also genug Zeit, Ihr Vorgehen offenzulegen – es ist auch zu Ihrem Besten. Schüler/innen wissen es zu schätzen, wenn Lehrkräfte mit »offenen Karten« spielen, da dies ein gegenseitiges Vertrauensverhältnis aufbaut.

Auch wenn Sie die Gefahr sehen, Zeit durch die im letzten Stichpunkt beschriebenen Rückmeldungen zu verlieren: Dies ist eine der besten Möglichkeiten für Schüler/innen, unmittelbar Rückmeldung über den eigenen Leistungsstand und über Verbesserungsmöglichkeiten zu bekommen.

Rückmeldung über Leistungen in schriftlichen Tests

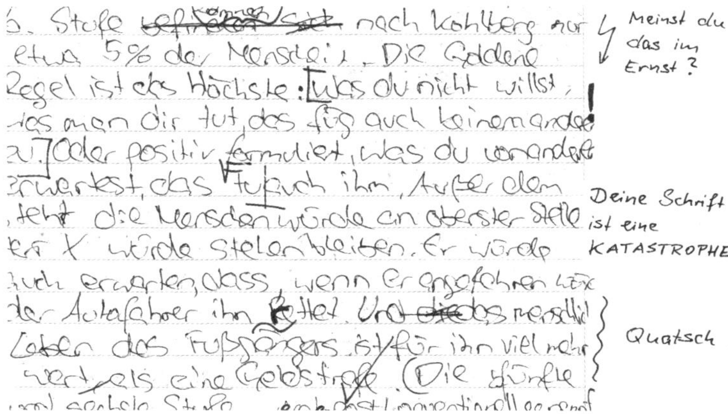

Im Abschnitt über ein angstfreies Unterrichtsklima haben wir bereits auf die Bedeutung des Lehrerfeedbacks bei mündlichen Abfragen aufmerksam gemacht (S. 41 f.). Ebenso wichtig ist eine gewisse Sensibilität bei Rückmeldungen über Schülerleistungen in schriftlichen Tests. Wenn Sie Schülerarbeiten zurückgeben, sollten Sie nicht davon ausgehen, dass die Ziffernnote als standardisierte und vereinfachte Form der Rückmeldung der Schülerin/dem Schüler weiterhilft. Neben der standardisierten Rückmeldung mittels der Ziffernnote (»sehr gut« bis »ungenügend«) ist für die Schüler/innen eine persönliche Einordnung ihrer Leistung von großer Bedeutung. Sie als Lehrkraft können ihnen dabei helfen, indem Sie in kurzen schriftlichen Kommentaren die Leistung über die Ziffernnote hinaus beschreiben. Dabei können Details in der Formulierung entscheidend sein, ob das Feedback als konstruktive Bewertung angenommen oder wegen verschiedener »Formulierungsfehler« als abwertend, unpersönlich oder unpassend erlebt und deswegen ignoriert wird. Die folgende Übersicht (Tab. 5, S. 99) soll Ihnen helfen, mit Schüleraugen auf dieses Thema zu sehen.

ungünstiges Feedback	günstiges Feedback
Ziffernnoten vor der Klasse bekanntgeben, vor allem bei schlechten Noten: • »Gerade noch ausreichend.« • »Ungenügend!«	Lernprozess beschreiben und honorieren: • »Du bist auf einem guten Weg.« • »Diesmal hat es leider nicht so gut geklappt.«
(negierende) persönliche Beurteilung: • »Genau deswegen hören wir nicht ständig die Songs aus dem Englischbuch.« • »Ausreichend, mehr war auch nicht zu erwarten.« • »Anwendungsaufgabe schlecht gelöst.«	konkrete Tipps: • »Du solltest den länger zurückliegenden Wortschatz besser wiederholen.« • »Ein Schreibplan könnte der Erörterungsaufgabe mehr Struktur verleihen.« • »Du kannst bei mir jederzeit Übungsaufgaben einreichen.«
vage Aussagen: • »knapp unter dem Klassenschnitt« • »unklare Bezüge« • »Quellenangaben???«	konkrete Einordnung/Tipps: • »Du solltest am Ball bleiben, bist jedoch nicht gefährdet.« • »Beziehe dich sinnvoll auf das angehängte Material.«

Tab. 5: Ungünstiges und gelungenes Feedback

Das universale Rezept für den perfekten Kommentar gibt es leider nicht. Wählen Sie individuelle Worte für Ihren Kommentar, der Fehler und Defizite analysiert, gleichzeitig aber auch Hinweise für eine Verbesserung der Leistung und Lerntipps gibt. Vermeiden Sie Zynismus, denn dieser verletzt Schüler/innen am meisten.

»Spezialfall Deutsch« – der Aufsatzkommentar

Der Abschlusskommentar nach der Korrektur von Deutschaufsätzen ist bekanntlich wesentlich ausführlicher als die Bemerkung unter schriftlichen Prüfungsarbeiten anderer Fächer, die in der Regel Teilaufgaben und -bewertungen aufweisen. Der Aufsatz im Fach Deutsch erfordert eine ausführliche und differenzierte schriftliche Rückmeldung durch die Lehrkraft. Entgegen der Behauptung, dass Schüler/innen diese Kommentare ohnehin nicht lesen, nehmen wir die Bemerkung der Lehrkraft ernst und messen ihr viel mehr Bedeutung bei als einem Kommentar unter kleinen Leistungsnachweisen.

Umso notwendiger sind für dieses Feedback also Sensibilität und Sorgfalt von Seiten der Lehrkraft. An einem Beispiel wollen wir aufzeigen, welche Aussagen wenig hilfreich sind:

> »Deine Schulaufgabe ist dem Maßstab deiner Jahrgangsstufe nicht im Geringsten angemessen. Du verstehst dich nicht darauf, das vorgeschriebene Thema ansatzweise zu behandeln. Deine Analyse des Textes ist mehr als lückenhaft, die Argumentation nicht immer schlüssig. Die Interpretation grenzt an eine Beleidigung. In der Angabe waren Textanalyse und Interpretation gefordert, keine Offenbarungseide fachlicher Unkenntnis! Insgesamt eine mangelhafte Arbeit (Note 5).«

Obwohl dieser Kommentar in keiner Weise einer sachlichen, umfassenden und konstruktiven Bewertung gerecht wird, sind Schüler/innen des Öfteren vergleichbaren Texten ausgesetzt. Dabei ist der Sachinhalt des folgenden Textes derselbe, die Formulierung ist jedoch motivierend und differenzierend gewählt:

> »Du hast in deiner Arbeit versucht, den Text zu analysieren und zu interpretieren. Leider ist dir das nicht ganz gelungen. Die Analyse hat keine einheitliche Form, und du hast viele Merkmale der Aufsatzart nicht beachtet, z. B. [...]. Versuche, dich das nächste Mal an dem im Unterricht besprochenen Schema zu orientieren! In deiner Interpretation bist du leider etwas über das Ziel hinausgeschossen; sie war mir teilweise auch nicht ganz schlüssig. Wenn du dir unsicher bist, wie du an eine Interpretation herangehen sollst, nutze die Möglichkeit, vor den Schulaufgaben einen Übungsaufsatz zur Korrektur einzureichen. Deine Gliederung ist sehr übersichtlich und dein Einstiegsgedanke sehr originell! Insgesamt ist es aufgrund der großen Defizite im sprachlichen, analytischen und interpretatorischen Bereich aber leider nur eine mangelhafte Arbeit (Note 5).«

Achten Sie also – insbesondere bei längeren schriftlichen Kommentaren – darauf, sachlich zu bleiben, die Leistung im Hinblick auf die vor dem Test besprochenen Anforderungen (umfassend und differenziert) zu kommentieren. Für konkrete Hinweise auf

Schwachstellen und Verbesserungsmöglichkeiten sollte im Textkommentar ebenso Raum sein wie für die Honorierung einer Leistungsverbesserung, das Lob (besonders) gut gemeisterter Teilbereiche und eine (positive) Einordnung der Note in das Leistungsbild des Schülers/der Schülerin.

Die Macht der Lehrerworte

Die bisher beschriebenen Feedback-Situationen decken große Bereiche des Unterrichtsgeschehens ab. Doch es gibt auch Situationen außerhalb dieses geplanten Bereichs: Leichtfertige Bemerkungen, unüberlegte Antworten und spontane Aussagen von Lehrkräften können, obwohl ihnen keine böse Intention zugrunde liegt, Schaden anrichten. Dies geschieht dann, wenn sich Lehrer/innen der verschiedenen Sprachebenen und Deutungsmöglichkeiten ihrer Kommentare nicht bewusst sind. Spätestens dann, wenn (einzelne) Schüler/innen Aussagen, die eine Lehrkraft unbedacht macht, als gezielte Rückmeldung verstehen, ist ein kritischer Punkt erreicht. Ohne dass man einer Beteiligten/einem Beteiligten die Schuld an diesen Missverständnissen zuweisen könnte, kommt es – aus Schülerperspektive – häufig zu Unklarheiten über die Intention der Rückmeldung und die persönlichen Grenzen der Lehrkraft sowie Angst vor Sanktionen.

Im Wissen um diese Gefahren sollten Sie als Lehrer/in Ihre Worte mit Bedacht wählen. Treffen Sie – vor allem, wenn es nicht im Vorhinein überlegt oder geplant war – keine kontroversen Aussagen. Bleiben Sie im Zweifelsfall auf einer sachlichen Ebene, um keinen Schaden anzurichten, und sprechen Sie nicht spontan leichtfertige (menschliche, aber unangebrachte) Gedanken aus.

Dennoch: Haben Sie keine Angst! Nicht zwangsweise wird jede Ihrer Aussagen fehlinterpretiert! Gewöhnen Sie sich Ihren Schüler/innen gegenüber einen höflichen Umgangston an und wahren Sie eine angemessene Distanz. Schüler/innen sind keine Könige, aber auch keine Kumpel, sondern wollen ernst genommen und respektvoll behandelt werden – genau wie Sie. Ein gutes Unterrichtsklima ist dazu die beste Voraussetzung.

Transparente Leistungsmessung

Anton Schwarzmann (Seminarlehrer für Pädagogik)

Der vorherige Abschnitt hat gezeigt, wie wichtig Schüler/innen ein wertschätzendes und konstruktives Feedback hinsichtlich ihrer Leistungen ist. Die Bewertung der erbrachten Leistung – oft über die Ziffernnote hinaus – bildet den Abschluss eines Prozesses, in dem Schüler/innen ihr Können und ihr Wissen unter Beweis stellen wollen und müssen.

Am Anfang der Leistungsmessung steht der Grundsatz der Transparenz. Schüler/innen brauchen Gewissheit darüber, welche Kenntnisse und Fertigkeiten geprüft werden und wie ihre Leistung gemessen und bewertet wird. Die Qualifizierung der Lehrerin/des Lehrers als »gerechte Lehrerin«/»gerechter Lehrer« beziehungsweise als »ungerechte Lehrerin«/»ungerechter Lehrer« durch die Schüler/innen hängt häufig mit der Art und Qualität ihrer/seiner Leistungsmessung zusammen.

Leistungsmessung in schriftlicher Form

Die Terminologie für Leistungsmessungen in schriftlicher Form ist breit gestreut: Klausur, Klassenarbeit, Schulaufgabe, Probearbeit, Test, Stegreifaufgabe. Gemeinsam ist all diesen Prüfungsformen innerhalb einer Lerngruppe eine Einheitlichkeit hinsichtlich folgender Punkte:

- *Umfang:* Alle Schüler/innen müssen grundsätzlich das gleiche oder ein vergleichbares Pensum erledigen. Ausnahmen (z. B. das Weglassen einzelner Aufgaben für Schüler/innen mit Lern-/Leistungsstörungen) bedürfen einer genauen schulrechtlichen Regelung.
- *Zeit:* Alle Schüler/innen müssen grundsätzlich die Leistung in einer bestimmten Zeit erbringen, die in der Regel vor Prüfungsbeginn festgesetzt ist. In Ausnahmefällen (z. B. für Schüler/innen mit festgestellter Lese-Rechtschreib-Schwäche oder

Legasthenie) kann ein Zeitzuschlag für die betroffenen Schüler/innen gewährt werden.
- *Bewertung:* Die schriftlichen Arbeiten aller an derselben Prüfung teilnehmenden Schüler/innen müssen nach denselben Kriterien korrigiert und bewertet werden.

Die Erstellung von angemessenen Prüfungsaufgaben muss den Gütekriterien einer Leistungsmessung standhalten:
- *Objektivität:* Die Leistungsmessung muss unabhängig sein von der Person, die den Test durchführt und auswertet. Dies wird im Bereich der schulischen Leistungsmessung dadurch gewährleistet, dass zu den Aufgaben auch ein Erwartungshorizont formuliert wird, aus dem hervorgeht, welche Antworten aufgrund des vorhergehenden Unterrichts erwartet und bewertet werden können (S. 105 f.).
- *Validität:* Sie gibt an, ob ein Test das misst, was er messen soll.
- *Reliabilität:* Sie gibt den Grad der Genauigkeit an, mit der ein Test das misst, was er messen soll.

Sie werden in der didaktischen Ausbildung in Ihren jeweiligen Unterrichtsfächern sicher Handwerkszeug kennenlernen und fachspezifische Kriterien an die Hand bekommen, nach denen Sie Prüfungsaufgaben erstellen können, die diesen Gütekriterien entsprechen. Im Folgenden werden Aspekte formuliert, die für die schriftliche Leistungserhebung unabhängig von den fachspezifischen Besonderheiten gelten:

Berücksichtigung der taxonomischen Stufen

In Vereinfachung der Bloom'schen Taxonomie, die im kognitiven Bereich sechs Stufen des Denkens (Wissen, Verständnis, Anwendung, Analyse, Synthese, Beurteilung) aufweist, sollen in der Leistungsmessung drei taxonomische Stufen berücksichtigt werden:
- *Stufe I – Reproduktion von Wissen:* Hierunter fallen Prüfungsfragen, die im Unterricht behandeltes, in einer adäquaten Form für die Schüler/innen gesichertes und gelerntes Faktenwissen abprüfen, z. B. Definitionen von Fachbegriffen, Aufzählung von Wissen, Zuordnungsaufgaben.

- *Stufe II – Transfer/Anwendung von Wissen:* Hierunter fallen Prüfungsfragen, für deren Lösung eine Umorganisation, eine neue Anordnung von gelerntem Wissen oder eine Übertragung des Wissens von einem bekannten Bereich auf einen inhaltlich verwandten, aber der Schülerin/dem Schüler neuen Bereich notwendig ist.
- *Stufe III – Beurteilung und Problemlösung:* Hierunter fallen Aufgaben, in denen die Schüler/innen mithilfe des erworbenen Wissens einen Sachverhalt aus verschiedenen Perspektiven betrachten, beurteilen und bewerten sollen, oder Aufgaben, in denen mit dem vorhandenen Wissen eine neue Problemlösung entwickelt werden soll.

Schriftliche Leistungsnachweise sollen eine Aufgabenvarianz besitzen, mit der diese verschiedenen Stufen des Denkens aktiviert und geprüft werden. Lernpsychologisch und prüfungstaktisch ist es sinnvoll, bei der Aufgabenstellung mit den einfacheren Aufgaben der Stufe I zu beginnen und Aufgaben der Stufe III erst am Ende der Arbeit zu formulieren.

Im Sinne der Vergleichbarkeit der schriftlichen Arbeiten im Schuljahresverlauf sollten auch alle schriftlichen Leistungserhebungen diese Stufen berücksichtigen.

Verwendung von eindeutigen und den Schüler/innen verständlichen Operatoren in der Aufgabenstellung

Die neuere Aufgabenkultur verzichtet zunehmend auf die klassischen Wort- oder Satzfragen wie z. B. »Wann war die Französische Revolution?«, »Was ist Nationalsozialismus?« oder »War der Widerstand der Weißen Rose vergeblich?«. Stattdessen werden Aufgaben in der Form von Arbeitsaufträgen formuliert, in denen das Verbum (der Operator) der Schülerin/dem Schüler auch den Umfang und die Komplexität der Aufgabenstellung transparent macht.

So lauten – bezogen auf die eben genannten Beispiele – die Prüfungsaufgaben: »Nennen Sie das Jahr/den Zeitraum mit Jahresangabe, in dem die Französische Revolution ausbrach/stattfand«, »Definieren Sie den Begriff Nationalsozialismus« und »Diskutieren Sie, ob der Widerstand der Weißen Rose vergeblich war«.

Zusätzlich können Sie die Aufgaben mit orientierenden Hinweisen versehen, z. B. »Definieren Sie den Begriff Nationalsozialismus. Berücksichtigen Sie dabei vier verschiedene Gesichtspunkte.« Dies empfiehlt sich dann, wenn der Umfang der Aufgabe nicht eindeutig ist oder wenn eine Vielzahl von Aspekten angeführt werden kann.

Achten Sie bei der Aufgabenstellung jedoch darauf, dass die von Ihnen verwendeten Operatoren und die Begriffe auch Ihren Schüler/innen geläufig sind.

Immer wieder gerne erzähle ich in diesem Zusammenhang von einer Klausur im Religionsunterricht einer 12. Klasse: Die Schüler/innen sollten im Unterricht erarbeitete Merkmale der christlichen Vorstellung von Gott kurz beschreiben. Die Aufgabenstellung »Skizzieren Sie wesentliche Aspekte des christlichen Gottesbildes« führte dazu, dass ein Schüler ein Bild von Gott malte, der als alter Mann gütig auf die Welt sah, und ein weiteres Bild von Gott als Polizisten, der alles kontrollierte. Offensichtlich konnte die Schülerin/der Schüler weder mit dem Operator »skizzieren« noch mit dem Fachbegriff »Gottesbild« im Sinne der Aufgabenstellung richtig umgehen.

Verwenden Sie also bereits im Unterricht bei der Vorbereitung auf die Prüfung die entsprechenden Fachtermini und Operatoren. Hilfreich ist es auch, den Schüler/innen eine Liste mit den gängigen Operatoren an die Hand zu geben, aus der deutlich wird, wie Sie die Operatoren verstehen, z. B.:

- *Anforderungsstufe I:* nennen, darstellen, beschreiben.
- *Anforderungsstufe II:* erläutern, erarbeiten, interpretieren.
- *Anforderungsstufe III:* entwickeln, diskutieren, erörtern.

Erstellen eines Erwartungshorizonts bereits bei der Formulierung der Aufgaben

Machen Sie sich bereits bei der Formulierung der Aufgaben bewusst, was Sie als Antwort erwarten. Gehen Sie dabei nicht in erster Linie von sich selbst aus, sondern von Ihren Schüler/innen. Prüfen Sie, welche Inhalte Sie im Unterricht erarbeitet und gesichert haben, und halten Sie diese als erwartete Antworten schriftlich fest. Dies hilft Ihnen bei der Einschätzung, ob die Aufgabe für

Ihre Schüler/innen angemessen ist, aber auch bei der Korrektur der Arbeiten.

Nicht zuletzt sorgt ein solcher Erwartungshorizont für eine gewisse Objektivität und Nachvollziehbarkeit Ihrer Korrektur. Berücksichtigen Sie besonders bei komplexen Aufgaben der Stufe III auch die entwicklungspsychologischen Voraussetzungen Ihrer Schüler/innen und vermeiden Sie eine intellektuelle Überforderung. Versetzen Sie sich bei der Formulierung des Erwartungshorizonts in die Lage der Schüler/innen, die in Ihrem Unterricht Material geliefert bekamen, mit dem die Aufgaben bewältigt werden können. Nehmen Sie nicht Ihre eigene Art der Argumentation und Begründung zum Maßstab.

Angabe von Bewertungseinheiten am Ende der jeweiligen Teilaufgaben der Prüfung

Zusätzlich zur Verwendung von eindeutigen Operatoren in der Aufgabenstellung sorgen die Angabe von maximal erreichbaren Bewertungseinheiten (BE) am Ende jeder Teilaufgabe und die Angabe der insgesamt maximal erreichbaren BE für Transparenz. Die Schülerin/der Schüler kann genau erkennen, wie viele BE der insgesamt erreichbaren BE auf die jeweilige Teilaufgabe vergeben werden. Aus diesen Angaben kann sie/er sowohl die Gewichtung der Aufgaben erfassen als auch Hinweise zur Verteilung der Bearbeitungszeit bekommen.

Die Vergabe der BE auf die Prüfungsaufgaben der verschiedenen taxonomischen Stufen sollte so erfolgen, dass mit der erfolgreichen und vollständigen Lösung der Aufgaben aus Stufe I insgesamt die Note »ungenügend« vermieden werden kann. Es ist motivatorisch sehr unbefriedigend, wenn Schüler/innen sich den »Lernstoff« genügend angeeignet haben, aber trotz des Lernens eine ungenügende Gesamtleistung erzielen.

Leistungsmessung in mündlicher Form

Leistungsmessungen in mündlicher Form können in ganz unterschiedlicher Art und Weise erfolgen und lassen einen größeren Spielraum als die standardisierten schriftlichen Leistungserhebungen. Sie reichen von Abfragen über den behandelten Stoff der letzten Stunde am Anfang einer Unterrichtsstunde, Wortschatzabfragen über Wiederholungsaufgaben, geforderten Kurzzusammenfassungen des in der letzten Stunde behandelten Themas, Formen des LdL, Beobachtungen der Schülerbeiträge über einen längeren Zeitraum bis hin zu Präsentationen aus der Gruppenarbeit oder aus Referaten.

Lassen Sie sich bei dieser Art der Leistungsmessung neben den in verschiedenen Abschnitten dieses Buches bereits angeklungenen Tipps von folgenden Grundsätzen leiten:

Tipps für die Leistungsmessung in mündlicher Form

- Teilen Sie – nicht gerade in der ersten Stunde, aber doch relativ am Anfang ihrer Unterrichtstätigkeit in der Klasse – den Schüler/innen eindeutig und transparent mit, wie Sie mündliche Leistungsnachweise gestalten.
- Stellen Sie auch die Anforderungen deutlich dar, die Sie in den verschiedenen Formen erfüllt sehen wollen, gerade bei komplexeren Formen wie z. B. Referaten.
- Versuchen Sie, bei allen Schüler/innen Ihrer Lerngruppe dieselbe Anzahl und – wenn möglich – auch eine vergleichbare Art der mündlichen Leistungsmessung zu erreichen.
- Geben Sie auch an, in welcher Gewichtung die Ergebnisse der mündlichen Leistungserhebung in die Berechnung der Gesamtnote eingehen.
- Gestalten Sie zu Beginn Ihrer Unterrichtstätigkeit in der Lerngruppe eine Leistungserhebung »außer Konkurrenz«: Bewerten Sie z. B. die erste Abfrage, die Sie in der Klasse halten, nicht – vor allem wenn das Ergebnis nicht zufriedenstellend war. Zeigen Sie aber der Klasse auf, wie die Schwerpunktsetzung einer Abfrage in Zukunft aussehen wird.
- Teilen Sie den Schüler/innen auch die Ergebnisse der mündlichen Leistungsmessung mit – das soll nicht vor der ganzen Klasse geschehen, sondern in der geschützten Atmosphäre des Gesprächs zwischen Ihnen und der Schülerin/dem Schüler. Der Zeitpunkt dieser Rückmeldung ist Ihnen überlassen. Es ist nichts dagegen einzuwenden, gerade am Anfang der

unterrichtenden Tätigkeit, sich Zeit zu nehmen, um zu Hause in Ruhe die erbrachte Leistung zu überdenken und zu einer begründeten Bewertung zu kommen, die erst dann der Schülerin/dem Schüler mitgeteilt wird.

- Führen Sie immer für jede Schülerin/jeden Schüler eine Notenbilanz mit sich, damit Sie bei Rückfragen der Schülerin/des Schülers oder im Elterngespräch genau Auskunft über den aktuellen Leistungsstand geben können.
- Grenzen Sie in Ihrem Unterricht klar und für die Schüler/innen erkennbar Zeiten, in denen Sie mündliche Leistungen bewerten und benoten, ab von Zeiten, die von Leistungsmessung freigehalten sind. Gerade Phasen des Einübens und des Nachbesprechens von Stoff, der nicht auf Anhieb verstanden wurde, sollten frei vom Druck der Leistungsmessung sein.

Machen Sie sich bewusst, dass die Leistungsmessung zwar ein unverzichtbarer Teil des Unterrichtens ist, aber dass die Leistungserhebung nicht das gesamte Unterrichtsgeschehen dominieren soll. Neben den Zeiten von Prüfungen, Leistungsmessung und Benotung verlangt der Schulalltag auch Zeiten, die frei von diesem Druck sind, sodass Schüler/innen angstfrei lernen und agieren können.

Unterricht evaluieren – aber wie?

Joshua Bürzle / Dominik Opielka / Simon Steinberger

Als Lehrkraft ist es für Sie nicht nur von großer Bedeutung, Schüler/innen Rückmeldung zu geben, auch Sie selbst haben das Recht und die Möglichkeit, Feedback einzufordern. Gerade als Referendar/in kann es für Sie hilfreich sein, neben den Beurteilungen durch Ihre Prüfer/innen eine »zweite Meinung« zu Ihrem Unterricht aus der Sicht der Schüler/innen zu bekommen.

Obwohl die Fachliteratur zum Thema Unterrichtsevaluation wertvolle Hilfestellung bietet (z. B. Weller 2003), möchten wir dieses Thema auch aus Schülersicht beleuchten: Wo sehen Schüler/innen Chancen und Grenzen von Unterrichtsbewertungen, wo können Sie konkrete Anstöße zu Verbesserungen bekommen, und weshalb ist in einigen Bereichen von Evaluation abzuraten? Was ist zu bedenken, wenn Sie Unterricht evaluieren wollen, vor allem im Hinblick auf Intention, Zeitpunkt und Methode?

Chancen und Grenzen von Evaluation

Durch die Evaluation des Unterrichts eröffnet sich Ihnen die Möglichkeit, den Unterrichtsprozess zu optimieren. Das bedeutet konkret, dass Sie Rückmeldung zu verschiedenen Bereichen einfordern, die den Unterricht betreffen (Abb. 9, S. 117). Dieses differenzierte Feedback soll etwas über das Niveau und das Klima Ihres Unterrichts aussagen; dabei sollten Sie auch Ihre eigene Reflexion in die Schlussfolgerungen einfließen lassen. Die Ergebnisse des Evaluationsprozesses können für Sie zudem Anstoß sein, gezielt an eigenen Schwächen und Fehlern zu arbeiten.

Abb. 7 (S. 110) macht deutlich, in welchen Kernbereichen Evaluation durch Schüler/innen sinnvoll und notwendig sein kann, und gibt Ihnen gleichzeitig eine Auswahl von Themen an die Hand, die evaluiert werden können.

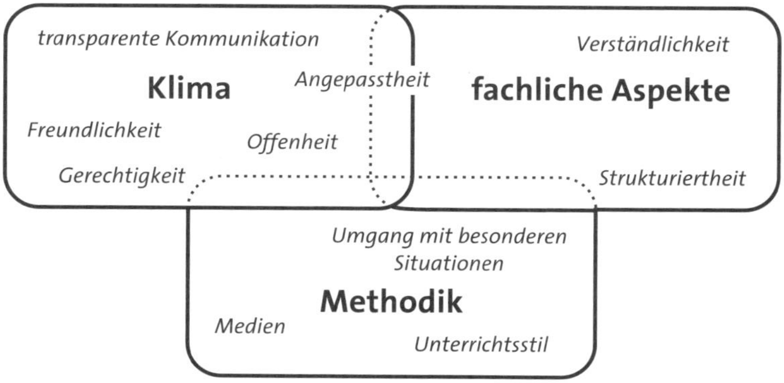

Abb. 7: Bereiche, die für die Evaluation durch Schüler/innen geeignet sind

Wie beurteilen Schüler/innen das Klima in Ihrem Unterricht (S. 34 ff.)? Was halten Ihre Schüler/innen von den eingesetzten Methoden (S. 57 ff.)? Erleben die Schüler/innen Abwechslung in der Methodik und Kreativität in der Unterrichtsgestaltung? Gelingt es Ihnen, fachliche Inhalte verständlich und strukturiert zu vermitteln? Diese und weitere Leitfragen sollten Sie für sich formulieren, bevor Sie die Evaluation starten.

Es gibt allerdings auch Bereiche, die nicht für die Evaluation durch uns Schüler/innen geeignet sind (Abb. 8).

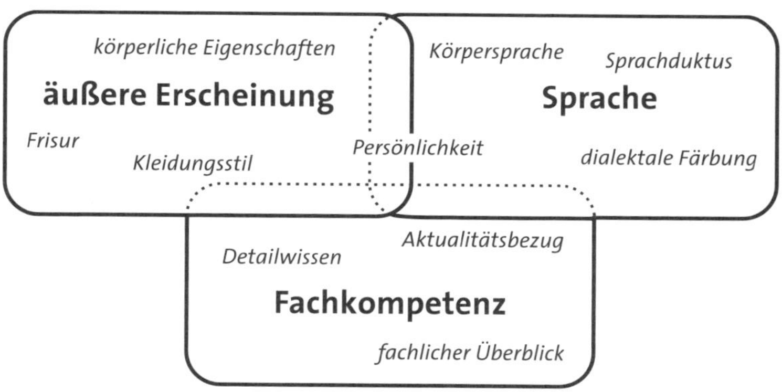

Abb. 8: Bereiche, die für die Evaluation durch Schüler/innen ungeeignet sind

So haben wir weder die Ausbildung noch das Know-how, um über Ihre *fachliche Kompetenz* urteilen zu können. Auch Urteile über Ihre *Person* und Ihr *Erscheinungsbild* sind nicht Angelegenheit der Schüler/innen und sollten dementsprechend nicht Bestandteil einer Evaluation sein. Ebenfalls ist es unangebracht, Lehrer/innen hinsichtlich ihrer Sprache (Stil, dialektale Färbung) zu bewerten. Urteile zu diesen Aspekten beruhen auf subjektiven Beobachtungen und Bewertungen der Schüler/innen. Denn modischer Chic oder auch modische Fehltritte und kleinere sprachliche Macken mögen Schüler/innen zwar negativ auffallen, besitzen aber keinerlei Relevanz für die Qualität Ihres Unterrichts. Damit eine Evaluation gelingen kann, müssen folgende Bedingungen erfüllt sein:

Faktoren, die zum Gelingen von Evaluation beitragen

- Die Evaluation muss *freiwillig* sein. Aussagen von Schüler/innen, denen prinzipiell oder situativ die Motivation für eine Rückmeldung fehlt, geben Ihnen keine aufschlussreichen Erkenntnisse über Ihren Unterricht.
- Beurteiler und Beurteilte müssen *Evaluationskompetenz* besitzen. Dazu gehört zunächst die Fähigkeit, bestimmte Bereiche klar voneinander zu trennen und differenziert zu analysieren. Darüber hinaus müssen beide Parteien bereit dazu sein, die persönliche Ebene zu verlassen und Fragestellungen wie auch Ergebnisse sachlich und sinnvoll einzuordnen. Notwendig ist also eine klare Abgrenzung dessen, was evaluiert werden soll, von Bereichen, zu denen keine Rückmeldung gewünscht wird. Als Lehrer/in liegt es an Ihnen, diese festzulegen und zu kommunizieren. Bitte seien Sie sich darüber bewusst, dass die Evaluationskompetenz eingeübt werden muss. Dazu gibt es in der Fachliteratur viele Empfehlungen (z. B. Berger et al. 2013).
- Bei der Evaluation muss auch entschieden werden, ob der Fokus eher auf der Unterrichtsgestaltung oder auf dem Klassenverband (z. B. Streit in der Klasse; Umgang mit einer negativ ausgefallenen Arbeit) liegt. Unabhängig von dieser Fokussierung sind auch hier präzise Fragen, Kriterien oder Impulse notwendig, damit die Evaluation zielführend ist und sich nicht in Allgemeinplätzen verliert.

Wenn Sie sich Feedback zu Ihrem Unterricht wünschen, können Sie auch Ihre Kolleg/innen bitten, Ihren Unterricht zu besuchen und Ihnen mithilfe von Beobachtungsbögen Rückmeldung zu geben. Außerdem haben Sie in den Gesprächen mit Eltern während der Elternabende, der Elternsprechtage und der wöchentlichen Sprechstunden die Gelegenheit zu erfahren, wie Eltern – auf der Grundlage dessen, was die Kinder zu Hause erzählen – Ihren Unterricht bewerten (S. 121 ff.).

Zusammenhang zwischen Intention, Zeitpunkt und Methode

Für einen gelungenen Evaluationsprozess sollten Sie die Parameter *Intention, Zeitpunkt* und *Methode* stets im Zusammenhang sehen. Ist hier keine Übereinstimmung gewährleistet, laufen Sie Gefahr, »am Ziel vorbei« zu evaluieren: Eine noch so sorgfältig durchgeführte Evaluation ist Zeitverschwendung, wenn sie Bereiche umfasst, denen Sie sich nicht stellen wollen oder können.

Ebenso ist eine Evaluation in schriftlicher Form kurz vor der Lehrprobe oder den Staatsexamensprüfungen eine zusätzliche Herausforderung, vielleicht auch Belastung. Wahrscheinlich haben Sie in solchen Phasen zu wenig Zeit für die Auswertung, können die Ergebnisse nicht mit der nötigen Ruhe aufnehmen und in kurzer Zeit auch keine Handlungsalternativen entwickeln. Stattdessen bieten sich in diesen Fällen Formen der Evaluation an, die wenig Aufwand erfordern, z. B. das Koordinatensystem oder das Spinnennetz (S. 113 f.).

Sie sehen: Unterrichtsevaluation will gut durchdacht sein! Wir Schüler/innen sind durchaus in der Lage zu erkennen, wann ein Evaluationsansatz ernst gemeint ist, ob er gut umgesetzt wurde und auf welche Art und Weise die Ergebnisse berücksichtigt werden.

Wählen Sie einen passenden *Zeitpunkt* für die Evaluation aus. Diese sollte nicht in Stresszeiten vor Prüfungen oder unter Zeitstress in den letzten Minuten einer Unterrichtsstunde erfolgen, sondern dann angesetzt werden, wenn ausreichend Zeit zur Verfügung steht, z. B. in Zeiten ohne Prüfungsstress.

Achten Sie auch auf eine *zeitnahe Evaluation*, wenn Sie bestimmte Phasen beziehungsweise Projekte evaluieren möchten.

Versuchen Sie aber generell, einen Zeitpunkt auszuwählen, der eine konzentrierte Evaluation ermöglicht.

Entscheiden Sie sich für eine *Methode*, die dem Zeitpunkt angemessen und dem Zweck untergeordnet ist. Der folgende Überblick über die Methoden, die wir von Schülerseite empfehlen können, beinhaltet auch die jeweiligen Vor- und Nachteile.

Formen der Evaluation

Die Möglichkeiten, von Schüler/innen Feedback über den Unterricht zu erhalten, sind vielfältig. Im Folgenden wollen wir Ihnen einige Evaluationsmethoden vorstellen, die – jeweils abhängig von Intention und Zeitpunkt – aus unserer Perspektive sinnvoll sind und die sich auch kombinieren lassen.

Raumecken

Die Ecken des Unterrichtsraumes werden mit vier unterschiedlichen Werten/Aussagen beschriftet. Jede Schülerin/jeder Schüler soll sich der Ecke zuordnen, die ihrer/seiner Meinung nach unter einer bestimmten Fragestellung am ehesten zutrifft, z.B. »Welches Element im Unterricht schätzt du am meisten?«: Diskussionen (A), Filme/Präsentationen (B), Gruppenarbeiten (C), Lehrervortrag (D).

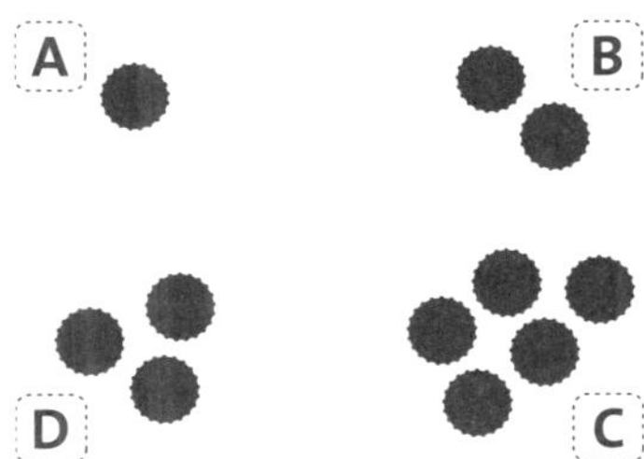

Koordinatensystem

Der Unterrichtsraum bildet eine Art »Koordinatensystem«, in dem die Schüler/innen Position beziehen sollen, z.B. »Die Erklärungen des Lehrers sind für mich in der Regel wenig → gut verständlich« (–A → A) und »Die Unterrichtsatmosphäre empfinde ich in der Regel als wenig angenehm → sehr angenehm« (–B → B). Mit dieser

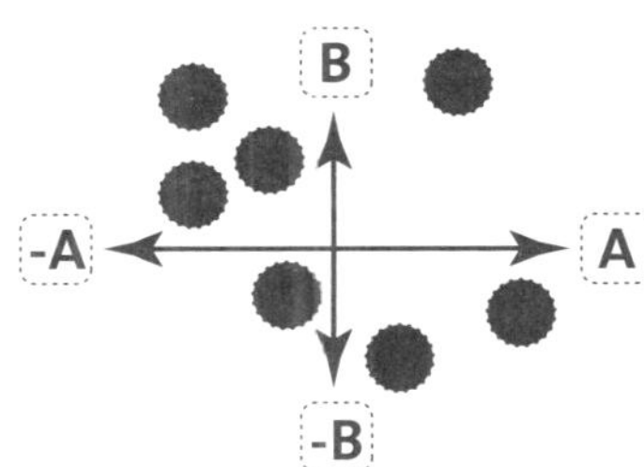

Methode können jeweils zwei Aspekte untersucht werden, die grundsätzlich unabhängig voneinander sind.

Spinnennetz

Auf einem großen Karton ist ein Spinnennetz gemalt, dessen unterschiedliche Abschnitte für positiv formulierte Bereiche des Unterrichts stehen, z. B. anschauliche Erklärungen (A), abwechslungsreicher Unterricht (B), sinnvolles Hausaufgabenvolumen (C), angenehme Unterrichtsatmosphäre (D), gerechte Behandlung aller Schüler/innen (E), große Flexibilität der Lehrkraft (F). Die Schüler/innen sollen durch Klebepunkte ihre Rückmeldung dazu geben (außen = zufrieden, innen = unzufrieden).

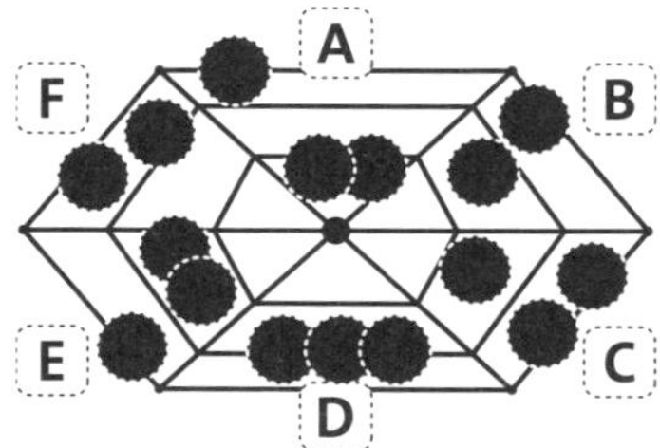

Kärtchenabfrage

Jede Schülerin/jeder Schüler bekommt z. B. ein rotes und ein grünes Kärtchen, auf das sie/er Lob und Kritik beziehungsweise Erwartungen und Ängste zu einer bestimmten Fragestellung notiert. Diese Kärtchen werden danach an der Tafel gesammelt, geclustert und daraufhin besprochen.

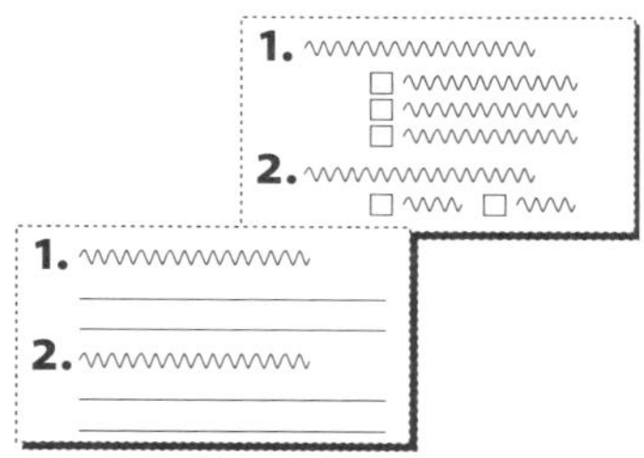

Stationenevaluation

Auf Gruppentischen liegen Bögen, auf denen die Schüler/innen im Lauf dieses Gruppenzyklus Rückmeldung zu unterschiedlichen Bereichen geben können. Dabei können die Schüler/innen in der Gruppe über ihre Einschätzung zum jeweiligen Bereich sprechen und anschließend die wesentlichen Gesichtspunkte auf dem Plakat schriftlich sammeln. Als Alternative bietet sich aber auch das Schreibgespräch an, in dem Positionen aufgeschrieben und von den Gruppenmitgliedern gegenseitig – nur schriftlich, ohne Diskussion – kommentiert werden. Diese Methode bietet sich vor allem an, wenn divergierende Meinungen zu erwarten sind.

Mündliche Evaluation
Neben den bisher aufgezeigten Möglichkeiten, Evaluationen durchzuführen, kann auch mündlich Feedback eingeholt werden. So kann ein *Einzelgespräch* während einer längeren Arbeitsphase stattfinden, das in ausreichendem Abstand zur Klasse stattfindet.
Im *Unterrichtsgespräch mit der ganzen Klasse* können Sie das Plenum zu verschiedenen Bereichen befragen und um Anregungen bitten.

Schriftliche Evaluationsformen
Schriftliche Formen der Evaluation haben gegenüber der mündlichen Evaluation den großen Vorteil, dass die Anonymität der Befragten gewahrt blei-
…cher geantwortet wird. Auch können
…s Unterrichts, der Klassensituation so-
…er Schüler/innen thematisiert werden.
…n haben Sie mehrere Möglichkeiten:
…zugeschnittene Kriterien beziehungs-
…nnen nur durch Ankreuzen bewertet
…gen wenig Spielraum für differenzie-
…der Aufwand für die Erstellung sol-
…ab, fertige Vorlagen zu verwenden,
…rden.
…boffene« Bögen. Einzelne Bereiche
…ren abfragen, für andere Bereiche
…die die Schüler/innen frei beant-

…Fragen/Satzanfängen, die die

…ner Evaluationsformen
…n halboffenen, anony-
…zuwerten und die Er-
…chen.

Dieser Überblick über die vers… Möglichkeiten, Unterricht durch Schüler/innen beurteilen zu lassen, zeigt, dass Sie eine Evaluation nicht spontan und unvorbereitet anregen sollten. Wenn Sie ernsthaft an der Meinung der Schüler/innen interessiert sind, sollten Sie sich neben dem zeitlichen und dem intentionalen Aspekt von folgenden Überlegungen leiten lassen:

- Die verschiedenen Methoden erfordern eine unterschiedlich hohe Kreativitäts- und Verbalisierungsleistung Ihrer Schüler/innen.
- Schüler/innen zeigen unterschiedliche Bereitschaft und Fähigkeit, sich vor anderen mündlich zu äußern. Differenzierte Einzelmeinungen fallen aufgrund gruppendynamischer Effekte dabei oft unter den Tisch. Die »Alpha-Tiere« der Gruppe bestimmen den Verlauf mündlicher Evaluation.
- Die Methoden erfordern einen unterschiedlich hohen Aufwand.
- Inwieweit Schüler/innen bereit sind, Ihnen ein ehrliches Feedback zu geben, hängt nicht zuletzt vom Vertrauen ab, das sie Ihnen entgegenbringen. Wer einer Lehrerin/einem Lehrer taktvoll, aber offen die Meinung sagt, muss sicher sein können, dass sich Kritik nicht postwendend in Benachteiligung und schlechten Noten niederschlägt.
- Wahren Sie *Distanz* zu Einzelmeinungen, die nicht dem allgemeinen Tenor entsprechen und Sie vielleicht auch persönlich stark betreffen/kritisieren. Gelegentlich gelingt es uns Schüler/innen nicht, unsere Gedanken bei der Evaluation in Worten adäquat wiederzugeben. Auch die Aussagen von einzelnen Schüler/innen, die Sie auf persönlicher Ebene angreifen, dürfen Sie nicht überbewerten. Wenn Sie unsicher sind und befürchten, dass Ihnen persönlich verletzende Kritik entgegenkommen könnte, raten wir Ihnen zu schriftlichen Evaluationsformen, die in Einzelarbeit stattfinden. So kann keine »negative Stimmung« gemacht werden. Stimmungsmacher bekommen keine Bühne, persönlich verletzende Kritik ist dann ein Einzelfall neben anderen Bewertungen. Außerdem können Sie die schriftliche Evaluation nach dem Unterricht zu Hause durcharbeiten und in Ruhe überlegen, wie oder ob Sie auf persönlich verletzende Kritik Einzelner in der nächsten Stunde eingehen.

Klasse: Rückmeldung zum Fach:

1. Welche drei Adjektive fallen dir spontan ein, wenn du an unseren gemeinsamen Unterricht der letzten Wochen/Monate denkst?

2. Welche Themen fandest du bisher interessant/weniger interessant?

☺

☹

3. Bei welcher Unterrichtsform hast du den Eindruck, am meisten zu lernen? Kreuze auf einer Skala von 3 (»Ich lerne dabei sehr viel«) bis 0 (Dabei lerne ich gar nichts«) an:

Lehrervortrag	*3*	*2*	*1*	*0*
Schülerreferat	*3*	*2*	*1*	*0*
Unterrichtsgespräch	*3*	*2*	*1*	*0*
Einzel-/Stillarbeit	*3*	*2*	*1*	*0*
Partnerarbeit	*3*	*2*	*1*	*0*
Gruppenarbeit	*3*	*2*	*1*	*0*
Sonstiges	*3*	*2*	*1*	*0*

4. Wie kommst du mit dem Unterrichtstempo zurecht?
   - ☐ *Ich bräuchte gelegentlich mehr Zeit.*
   - ☐ *In der Regel ist das Unterrichtstempo für mich genau richtig.*
   - ☐ *Für mich könnten wir schneller mit dem Stoff vorangehen.*

5. Sind meine Erklärungen für dich verständlich?
   ☐ *ja, immer* ☐ *ja, meistens* ☐ *manchmal nicht*
   Anmerkung:

6. Was wünschst du dir für den künftigen Unterricht in unserem Fach?

Abb. 9: Beispiel für einen Evaluationsfragebogen

Elterngespräche

Gabriele Kuen (Seminarlehrerin Psychologie)

Vielleicht hätten Sie gerne erfahren, was Schüler/innen Ihnen zum Thema »Elterngespräche« zu sagen haben. Aber nein! Obwohl in solchen Gesprächen normalerweise über Schüler/innen gesprochen wird, sind sie zu selten dabei, um aus direkter eigener Erfahrung Ratschläge erteilen zu können. Daher haben sie mich beauftragt, Ihnen aus Lehrerperspektive ein paar Tipps zum Umgang mit den Eltern zu geben.

Die Karikatur täuscht übrigens. Nur wenige Eltern erfüllen das Klischee, Gespräche mit Ihnen als Lehrer/in in erster Linie zu suchen, um sich über Ihren Unterricht, über Noten oder Ihr Verhalten gegenüber den Schüler/innen zu beschweren oder ihr Kind »mit allen Mitteln« zu verteidigen. In den meisten Elterngesprächen ist vielmehr das gemeinsame Interesse am Wohl des Kindes spürbar.

Befürchtungen und Erwartungen auf Eltern- und Lehrerseite

Dennoch können solche Gespräche zuweilen emotional sehr aufgeladen sein. Woran liegt das? Zum einen sicher daran, dass im Hintergrund auf beiden Seiten Befürchtungen lauern, die aber in der Regel unausgesprochen bleiben – mehr noch: Zuweilen werden sie bewusst durch ein Verhalten überspielt, das das Gegenteil des eigentlichen Befindens ausdrückt.

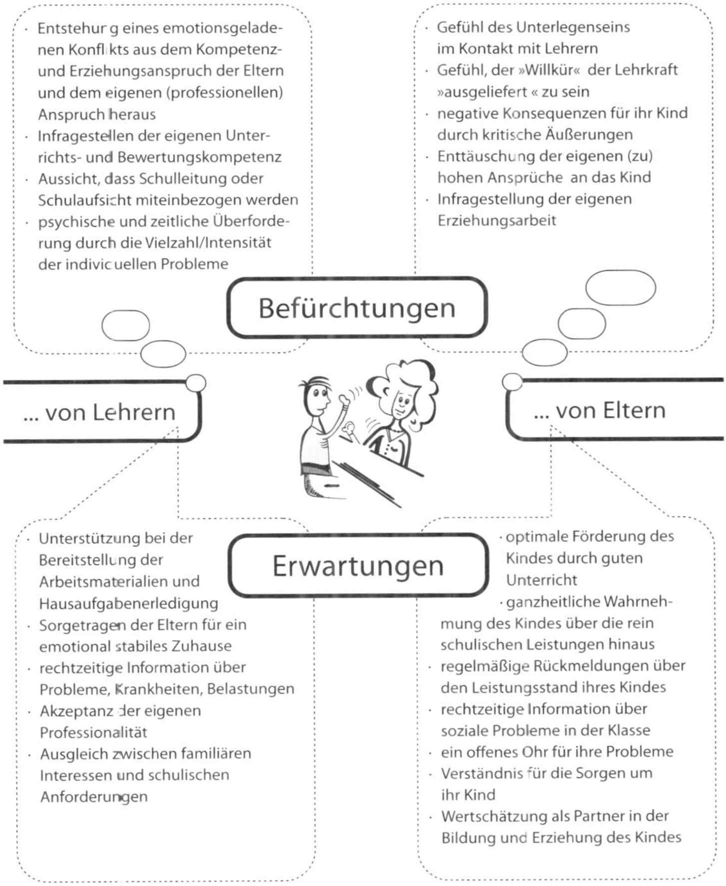

Abb. 10: Befürchtungen und Erwartungen von Eltern und Lehrern/innen

So kann sich elterliche Sorge um das schulische Fortkommen des Kindes hinter kleinlichen Vorwürfen gegenüber der Aufgabenstellung oder Ihrer Korrektur in der letzten Prüfung verstecken. Auf der anderen Seite besteht die Gefahr, dass wir Lehrkräfte eigene Zweifel, ob die Aufgabenstellung nicht doch zu schwierig war, durch wortreiche Rechtfertigungen kompensieren.

Diese möglicherweise latent vorhandenen Befürchtungen, teilweise gepaart mit Vorurteilen oder – auf Seiten der Eltern – mit negativen Erinnerungen an die eigene Schulzeit, belasten nicht selten die Gesprächsatmosphäre. Dazu kommen berechtigte und möglicherweise auch noch überzogene Erwartungen an den jeweils anderen (Abb. 10, S. 119).

Als Lehrer/innen haben wir, als die »Profis«, in dieser einerseits auf Augenhöhe stattfindenden, andererseits aber in gewisser Weise auch asymmetrischen Kommunikation eine höhere Verantwortung für das Gelingen als die Eltern. Während ihnen aufgrund der emotionalen Nähe zu ihrem Kind eher zugestanden werden kann, dass sie ihre Gefühle im Gespräch mit uns Lehrer/innen nicht immer im Griff haben, sollten wir stets ein gewisses Maß an »professioneller Distanz« wahren.

Empathie, positive Wertschätzung und Authentizität als Grundhaltungen im Elterngespräch

»Was heißt professionelle Distanz, wenn mir die Kinder doch so am Herzen liegen, als wären es meine eigenen?« – Es sind aber nicht Ihre eigenen Kinder. Wir Lehrer und die Eltern sorgen uns beide um das Wohl der Kinder und ergänzen uns im besten Fall dabei, sollen und können uns aber nicht gegenseitig ersetzen.

Empathie und professionelle Distanz schließen sich nicht aus, sondern versetzen uns als Lehrer/innen erst in die Lage, konstruktiv beraten zu können – und darauf haben Eltern einen Anspruch. Natürlich sind dabei die Grundhaltungen, die wir den Schüler/innen gegenüber zeigen, nämlich Empathie und positive Wertschätzung, von besonderer Wichtigkeit.

Empathie bedeutet dabei nicht nur sich einzufühlen, wenn beispielsweise eine Mutter Ihnen gegenüber offen ihre Sorge um ihr Kind äußert, sondern auch persönliche Vorwürfe und unsachliche Angriffe als Ausdruck dieser Sorge zu erkennen und in diesem Sinn damit umzugehen. Dadurch vermeiden Sie auch, dass Elterngespräche in einer Spirale von Vorhaltungen und Rechtfertigungen scheitern.

Dass es in derartig mit negativen Emotionen aufgeladenen Elterngesprächen schwierig ist, positive Wertschätzung gegenüber den Eltern zu wahren, ist unstrittig. Doch auch hier hilft die bereits mehrfach betonte professionelle Distanz, um nicht dem verbreiteten Vorurteil gegenüber Lehrern Vorschub zu leisten, sie vertrügen keine Kritik und würden ihren Unmut darüber an den Schüler/innen auslassen.

Positive Wertschätzung meint aber nicht in erster Linie, Eltern in jeder Situation sympathisch zu finden, sondern diese Grundhaltung der Kommunikation (Rogers 2012, S. 34 ff.) bewahrt uns Lehrer/innen davor, Eltern aufgrund von Einstellungen, Verhaltensweisen oder gar ihrer sozialen Herkunft negativ zu etikettieren.

Mit diesem Verständnis von Empathie und positiver Wertschätzung gelingt es uns auch, in jeder Art von Elterngespräch authentisch zu sein. Authentizität äußert sich nicht, indem man seinen Emotionen »freien Lauf« lässt. Im Gespräch mit Eltern heißt »authentisch sein« vielmehr auch, die gleiche Persönlichkeit an den Tag zu legen wie gegenüber den Schüler/innen. Nicht selten wundern sich Eltern, wenn sie aus der Sprechstunde einen völlig anderen Eindruck von einem Lehrer mitnehmen, als sie ihn bisher von ihren Kindern vermittelt bekommen haben.

Natürlich unterscheiden sich beide Perspektiven, auch sind die Klassen- und die Sprechstundensituation nicht vergleichbar, aber die Aussagen einer Lehrkraft gegenüber den Eltern sollten schon annähernd zu dem passen, wie sie sich gegenüber dem Kind äußert. Überlegen Sie sich im Elterngespräch daher stets, ob Sie dasselbe – wenn auch in etwas anderen Worten – in Anwesenheit des Kindes sagen würden.

Gelegenheiten für Lehrer-Eltern-Kommunikation

Während des Schuljahres ergeben sich vielerlei Gelegenheiten, mit Eltern in Kontakt zu treten. Neben dem Smalltalk am Rande von Schulveranstaltungen, dem Informationsaustausch und dem gegenseitigen Kennenlernen bei Elternabenden und Elternstammtischen sind die schriftlichen Mitteilungen an die Eltern in Form von Hin- oder Verweisen, Einträgen ins Hausaufgabenheft oder E-Mails die gängigsten Möglichkeiten, zumindest indirekt Informationen an die Eltern weiterzugeben.

Ertragreicher sind jedoch die persönlichen Gespräche unter vier oder sechs Augen, die unter angemessenen zeitlichen und räumlichen Rahmenbedingungen stattfinden. Kurze Informationen können auch in einem Telefonat ausgetauscht werden.

Zum gegenseitigen Kennenlernen und für eine kurze Rückmeldung über den Leistungsstand oder die soziale Situation eines Kindes in der Klasse reicht möglicherweise die kurze Sprechzeit im Rahmen eines Elternsprechtages. Für eine ausführlichere Beratung und vor allem für Konfliktgespräche stehen die wöchentlichen oder eigens vereinbarte Sprechstunden zur Verfügung (Abb. 11, S. 122).

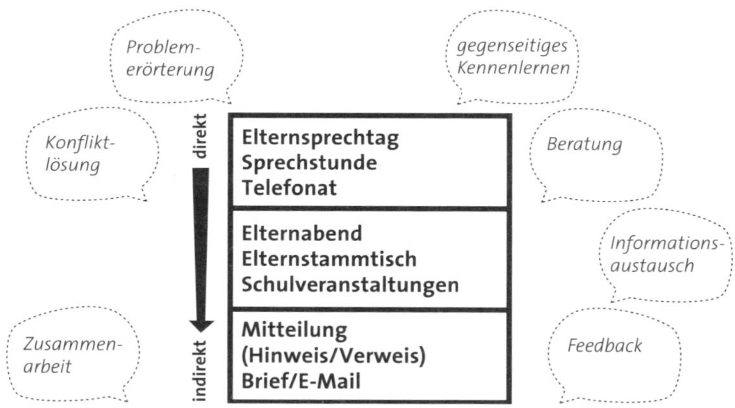

Abb. 11: Gelegenheiten und Themen der Lehrer-Eltern-Kommunikation

Der erste Elternsprechtag

Vielleicht hatten Sie schon das Vergnügen, möglicherweise steht er Ihnen noch bevor – der erste Elternsprechtag. Häufig werden Referendar/innen damit bereits nach wenigen Wochen Unterrichtserfahrung konfrontiert und fühlen sich beim Gedanken daran zunächst etwas unsicher.

Aber keine Sorge! Die Eltern erwarten von Ihnen noch keine differenzierte Persönlichkeitsanalyse ihres Kindes. Die wenigen Minuten der Sprechzeit am Elternsprechtag dienen in erster Linie dem gegenseitigen Kennenlernen. Eltern sind neugierig zu erfahren, ob die Lehrer/innen wirklich so sind, wie sie sie von ihren Kindern – nicht selten karikiert – geschildert bekommen.

Wenn Sie bereits einen ersten Eindruck vom Sohn beziehungsweise der Tochter Ihres Gegenübers mitteilen können, dann tun Sie das. Wenn nicht, müssen Sie nicht versuchen, sich wortreich und mit allgemeinen Plattitüden aus der Situation zu retten, sondern fragen Sie die Eltern einfach etwas über ihr Kind, um es besser kennenzulernen. Eltern kommen dieser Aufforderung gern nach, auch weil sie daran merken, dass Sie sich für die Persönlichkeit des Kindes jenseits schulischer Leistungen interessieren.

Beratungssprechstunden

Während zum Elternsprechtag meistens die Eltern der Schüler/innen kommen, die kaum schulische Probleme haben, suchen Sie in der wöchentlichen oder einer vereinbarten Sprechstunde auch die Eltern auf, die Ihren fachlichen Rat erwarten.

Als Vorbereitung auf diese Gespräche sollten Sie die bisherigen Noten einsehen und gegebenenfalls Rücksprache mit dem Kollegen/der Kollegin halten, der/die die Klasse im Vorjahr in Ihrem Fach unterrichtet hat. Nehmen Sie sich genügend Zeit für das Gespräch, damit es konstruktiv verlaufen kann.

Was die Gesprächsführung angeht, haben Sie sicher im Lauf Ihrer Ausbildung bereits wesentliche Techniken, wie aktives Zuhören, Spiegeln oder das Einhalten von Pausen, kennengelernt (z.B. Hennig/Ehinger 2006, S.39 ff.). Wichtig ist vor allem, dass Sie im Gespräch nicht in die (negative) Lehrerrolle verfallen und die Eltern mit guten Ratschlägen überhäufen. Suchen Sie bewusst gemeinsam nach Lösungen und bieten Sie Ihre Unterstützung an.

Achten Sie bei Ihren Tipps an die Eltern darauf, dass Sie nicht Ihre Aufgaben auf die Eltern übertragen. *Sie als Lehrer/in* sind dafür zuständig, Kindern den Stoff zu erklären und die Hausaufgaben zu verbessern, nicht die Eltern. Vermitteln Sie vor allem Eltern aus sogenanntem »bildungsfernen« Milieu nicht den Eindruck, ihre Kinder hätten weniger Chancen, nur weil sie zu Hause keine fachliche Unterstützung haben. Auch hier gilt der Grundsatz, dass wir Lehrer und die Eltern uns in der Sorge um die Kinder ergänzen, nicht ersetzen!

Konfliktgespräche

Zuweilen gestalten sich die Elterngespräche nicht so konstruktiv wie die meisten Kennenlern- oder Beratungsgespräche. Entweder wird es bereits im Vorhinein klar, dass das Gespräch von den Eltern zur Artikulation und/oder Lösung eines Konflikts gesucht wird, oder das Elterngespräch entwickelt sich erst in diese Richtung.

In beiden Fällen ist zunächst die Rückbesinnung auf die eingangs genannten Grundhaltungen der Empathie, positiven Wertschätzung, Authentizität und professionellen Distanz ratsam. Darüber hinaus könnten Ihnen folgende konkreten Ratschläge weiterhelfen:

Tipps zum Verhalten bei Konfliktgesprächen

- Reagieren Sie auf die von Eltern geäußerte Kritik an Ihrer Person, Ihrem Lehrerverhalten oder Ihrem Unterricht differenziert, d. h. räumen Sie gegebenenfalls selbstkritisch auch eigene Fehler ein.
- Geben Sie aber insgesamt nicht dem Druck nach, Ihr Verhalten in jedem Detail wortreich zu rechtfertigen, sondern nehmen Sie immer wieder die Rolle der Beratenden/des Beratenden ein.
- Brechen Sie ein Gespräch ab beziehungsweise vertagen Sie es, wenn Sie das Gefühl haben, dass es entweder von Seiten der Eltern oder von Ihnen aus zu emotional wird und nicht konstruktiv weitergeführt werden kann. Diese »Auszeit« gibt Ihnen auch die Möglichkeit, erfahrene Kolleg/innen um Rat zu fragen.
- Suchen Sie sich gegebenenfalls eine Vertrauensperson aus dem Kollegium, als Vermittler beziehungsweise für ein Konfliktgespräch, um sich selbst abzusichern.

Zum Glück treten solche Konfliktgespräche mit Eltern im Schulalltag sehr selten auf. In der Regel gestaltet sich der Kontakt mit Eltern harmonisch und konstruktiv, schließlich geht es uns beiden ja letztlich um dasselbe – das Wohl des Kindes!

KAPITEL 4:
Der Alltag als Referendar/in

Die erste Stunde in der neuen Klasse

Anna Theresa Steubing/Carla Ullmann

»Für den ersten Eindruck gibt es keine zweite Chance!« Welche Schülerin/welcher Schüler und welche Lehrerin/welcher Lehrer wüsste nicht, wie treffend diese Aussage die ersten Minuten einer ersten Stunde bei einer neuen Lehrkraft beziehungsweise in einer neuen Klasse beschreibt! Niemand ist gefeit vor diesem meist unbewussten Vorgang des »In-eine-Schublade-Gesteckt-Werdens« allein aufgrund der äußeren Erscheinung, der Kleidung, auch nur einer Geste oder weniger Worte. Schnell trägt man den Stempel »sympathisch« oder »unsympathisch« auf der Stirn.

Auch wenn wir Schüler/innen eine neue Referendarin beziehungsweise einen neuen Referendar bekommen, fällen wir schnell ein erstes Urteil: sympathisch oder unsympathisch, streng oder ein »guter Kumpel«, modisch top oder flop? Um in Zukunft einen guten Draht zur Klasse zu haben beziehungsweise mit dieser harmonisch arbeiten zu können, ist das erste Auftreten also besonders wichtig.

Unsicherheit vor dem »ersten Mal«

Wir Schüler/innen haben solche »erste Stunden« von Referendar/innen im Gegensatz zu Ihnen schon häufig erlebt. Deswegen fühlen wir uns gewissermaßen als Experten/innen. Schon zu oft hat ein »Neuer« versucht, sich sofort durch jugendliches Auftreten und kumpelhafte Nähe anzubiedern, sich »einzuschleimen«, oder hat eine »Neue« durch übertriebene Strenge die erfahrene, autoritäre Lehrerin gemimt.

Es ist ja auch wirklich eine besondere Herausforderung, als Einzige/r nicht zu wissen, mit wem man es zu tun hat – und das auch noch 30-fach –, und sich darüber hinaus in eine neue Rolle einzufinden: »Nehmen die Schüler/innen mich als Lehrkraft, die nicht viel älter ist als sie selbst, überhaupt ernst? Wird es von ihnen möglicherweise als mangelnde Autorität empfunden, wenn ich einfach ›nett‹ bin? Oder komme ich vielleicht zu uncool rüber, wenn ich mich um professionelle Distanz bemühe, zu der mir die Seminarlehrer geraten haben? Wie kann ich als Lehrer/in authentisch sein (S. 26 ff.)? Wie kann ich die Unterrichtsstunde gestalten, damit sie sich für die Schüler/innen vom bisher Gewohnten positiv abhebt?« Und nicht zuletzt: »Wie kleide ich mich für die erste Stunde?«

Erfahrungen anderer Referendar/innen

Als Grundlage für unsere Überlegungen und Tipps im Blick auf die erste Stunde in einer neuen Klasse dient, neben unseren eigenen Erfahrungen im Lauf einer achtjährigen Schulkarriere mit halbjährlich wechselnden Referendar/innen, die Auswertung einer schriftlichen Befragung von mehr als 500 Schüler/innen im Anschluss an erste Stunden von Referendar/innen. Die Einschätzungen der Schüler/innen wurden mit der Selbsteinschätzung der jungen Lehrkräfte verglichen, die ebenfalls im Anschluss an ihre erste Stunde befragt wurden, was zu interessanten Erkenntnissen geführt hat.

Die überwiegende Mehrheit der Referendar/innen unserer Umfrage gab an, das geplante Konzept in der Stunde verwirklicht zu haben. Etwa 20 Prozent haderten noch mit ihrem Zeitmanagement. Es lässt sich eine klare Korrelation zwischen der Zufriedenheit mit der Stunde und dem Erreichen des Unterrichtszieles feststellen. Die befragten Schüler/innen hoben es besonders positiv hervor, wenn eine Lehrkraft einen interessanten, anschaulichen oder sogar im wörtlichen Sinn begreifbaren Einstieg geboten hatte, und zwar unabhängig davon, ob es das eigene Lieblingsfach ist oder man das Fach nicht besonders mag.

Am zweithäufigsten wurde von den Befragten auf eine klare Gliederung der Stunde geachtet. So sind ein durchdachtes, schülerbezogenes Konzept (S. 48 ff.) sowie ein gesundes Selbstvertrauen die besten Voraussetzungen für eine gelungene Erstbegegnung mit der neuen Klasse!

Mit Autorität, aber nicht autoritär auftreten

Manchmal werden Sie in diesem Zusammenhang vielleicht von erfahrenen Kolleg/innen oder Seminarlehrkräften hören: »Seien Sie bloß nicht zu nett!« Doch! Seien Sie nett! Schüler/innen können sehr wohl zwischen nett und inkonsequent unterscheiden. Man kann freundlich sein und trotzdem mit Autorität auftreten! Referendar/innen sollten gleich zu Beginn Autorität ausstrahlen, ohne dies durch (oft künstlich wirkendes) autoritäres Auftreten zu erzwingen. So können Sie durchaus klar und sachlich Anweisungen geben und Ihre Position verdeutlichen. Vermeiden Sie dabei aber ausufernde Rechtfertigungen. Zeigen Sie durch eine freundliche Grundstimmung, dass Sie es mit der positiven Wertschätzung ernst meinen. Mit dieser Grundhaltung sind klare Ansagen alles andere als »autoritäres Gehabe«.

Vor allem in der ersten Stunde testen manche Schüler/innen gerne die Grenzen aus und probieren, wie weit sie gehen können, bis sie zur Rechenschaft gezogen werden. Deshalb ist es wichtig, gleich Grenzen zu setzen und nicht alles durchgehen zu lassen, nur um sich bei den Schüler/innen beliebt zu machen. Denn auf diese Art und Weise erreichen Sie genau das Gegenteil. Die Schüler/innen nutzen Ihre Nachgiebigkeit aus, und die Stunden werden für beide Seiten anstrengend.

Außerdem sind Lehrer/innen ohne Durchsetzungsvermögen nicht automatisch beliebt, was wir sowohl durch unsere eigenen Erfahrungen bestätigen können als auch durch die erwähnte Umfrage. Hier wurde oft der Wunsch nach mehr Durchsetzungskraft angegeben. Denn laute, unruhige Stunden sind auch für uns Schüler/innen anstrengend.

Hat die Lehrerin/der Lehrer die Klasse nicht im Griff, wird sie/er auch weniger respektiert, es wird sich eher über sie/ihn lustig gemacht. Setzt man einer Klasse von Anfang an keine Grenzen, ist es sehr schwer, sie später wieder »einzufangen«. Deshalb ist es gerade in der ersten Stunde wichtig, eine klare Linie zu zeigen, dann werden Sie auch zukünftig respektiert und legen so die Grundlage für ein gutes Verhältnis zwischen Ihnen und den Schüler/innen.

Humor ist gut – wenn er niemanden verletzt

Man muss nicht übertrieben streng sein, sondern man sollte auch Humor zeigen. Denn wenn eine Lehrerin/ein Lehrer auch mal lacht und nicht immer nur mit ernster Miene vor der Tafel steht, ist sie/er gleich beliebter. Es ist also wichtig, das richtige Verhältnis zwischen Strenge und Humor zu finden.

Apropos Humor! Die Ergebnisse der Befragung bestätigen eindrucksvoll die eigenen Erfahrungen mit dem manchmal recht eigenwilligen Humor von Lehrer/innen. Die Schüler- und die Selbsteinschätzung der befragten Referendar/innen drifteten in der Frage, ob sich die Lehrkraft in der ersten Stunde humorvoll gezeigt hat, teilweise deutlich auseinander, und zwar in beiden Richtungen. So empfanden jüngere Schüler/innen den Referendar beziehungsweise die Referendarin oft weniger humorvoll als diese sich selbst. Das kann auch daran liegen, dass gerade Schüler/innen der unteren Klassen ironische Anspielungen nicht verstehen können. In einigen Oberstufenklassen unterschied sich in der Frage des Humors nicht nur die Meinung der Lehrkraft von der der Mehrheit der Schüler/innen. Auch innerhalb der Klasse wurde derselbe Referendar beziehungsweise dieselbe Referendarin von manchen als sehr humorvoll betrachtet, von anderen eher als humorlos.

Als Ergebnis dieser Beobachtung lässt sich beruhigend feststellen, dass Sie nicht »krampfhaft« lustig sein müssen, um von den Schüler/innen anerkannt zu werden. Andererseits ist auch zu beachten, dass der eigene Humor sich nicht unbedingt mit dem von Schüler/innen deckt, zumal wenn einige subjektiv den Eindruck haben könnten, dass der Humor auf ihre Kosten geht. Vor allem Ironie kann dabei unbewusst zu unnötigen Missverständnissen und Irritationen führen. Daher sollten Sie gerade in der ersten Stunde, in der Sie die Schüler/innen noch nicht gut genug kennen, darauf achten, dass Sie mit Ihrem (sicher gut gemeinten, aber nicht immer auch ebenso verstandenen) Humor nicht einzelne Schüler/innen unbewusst bloßstellen.

Mit Selbstbewusstsein und Gelassenheit vor der Klasse stehen

Wenngleich Sie keinen Einfluss darauf haben, welche Schülerin/welcher Schüler Ihre Äußerungen auf die berühmte »Goldwaage« legt, sollten Sie gerade in der ersten Stunde nicht alle Reaktionen, Blicke und Bemerkungen der Schüler/innen überbewerten. Nehmen Sie nicht alles persönlich! Vertauschte Namensschilder oder Witze über den Nachnamen sind nicht böse gemeint. Versuchen Sie, es mit Humor zu nehmen! Sie können »mitspielen«, indem Sie bewusst weiter die falschen Namen verwenden, bis es den Schüler/innen selbst unangenehm wird.

Auch halblaute Kommentare, wie »Schon wieder Gruppenarbeit, das mögen wir gar nicht!« sollten Sie nicht verunsichern, geschweige denn zu einer wortreichen Rechtfertigung des eigenen Handelns führen. Lassen Sie solche Äußerungen einfach unkommentiert und warten Sie das Verhalten in den Folgestunden ab. Wenn es Ihrem Typ entspricht, hilft in solchen Situationen auch Schlagfertigkeit, die uns Schüler/innen verblüfft. Sie darf aber nie verletzen.

Es ist also empfehlenswert, trotz einer zu erwartenden und durchaus verständlichen Anfangsnervosität mit Gelassenheit und Selbstbewusstsein in die erste Stunde zu gehen.

Vorbereitung auf die »erste Stunde«

Für die eigene Sicherheit kann man im Vorfeld viel tun. Sicher werden Sie auch von Seminar- und Betreuungslehrkräften eingehend für diese Situation »gebrieft«, noch wichtiger ist jedoch die individuelle Vorbereitung:

- Welche Aspekte des (oft vorgegebenen) Themas sind besonders schülernah?
- Welche Methoden sind geeignet, vor allem wenn ich nicht weiß, wie gut eine Klasse darin geübt ist?
- Welcher motivierende Einstieg bietet sich an?
- Wie gelingt mir das richtige Timing?
- Wie viel Zeit brauche ich für die Vorstellung und die Klärung organisatorischer Fragen?
- Fühle ich mich in meinem Zeitmanagement sicherer, wenn ich das Organisatorische ans Ende der Stunde stelle, um das Thema sinnvoll abrunden zu können?
- Wie viel und was gebe ich von meiner Person preis?
- Wie sehe ich meine Lehrerrolle, und wie kann ich das mit dem ersten Eindruck so vermitteln, dass ich für die Schüler/innen auch in den künftigen Stunden berechenbar bin?

Wesentliche Aspekte zur Beantwortung dieser Fragen haben Sie in den vorigen Kapiteln unseres Ratgebers gefunden.

Über diese inhaltliche Planung hinaus sollte aber auch das »Äußere« nicht unbeachtet bleiben. So banal es vielleicht erscheinen mag, aber auch in der Schule wird der erste Eindruck einer Lehrkraft nicht unerheblich durch ihre Kleidung geprägt. Allgemein gilt nicht nur für Ihre erste Stunde: Achten Sie darauf, dass Sie sich nicht (im doppelten Wortsinn) verkleiden! Kleiden Sie sich der Umgebung und Ihrem Alter angemessen.

Das mag für Sie oberlehrerhaft klingen, aber: Aus der Perspektive von uns Jugendlichen vertreten Sie als Lehrer beziehungsweise Lehrerin die Erwachsenenwelt. Nur weil wir Schüler/innen bestimmte (jugendtypische) Modestile selbstverständlich auch in der Schule tragen, wollen wir diese an Erwachsenen, zumal an deren Arbeitsplatz, deswegen nicht unbedingt sehen! Sie werden schnell zum Gesprächsstoff der gesamten Klasse, manche Schüler/innen sind abgelenkt und folgen Ihrem Unterricht kaum noch.

Eine Referendarin hat uns im Gespräch über dieses Thema verraten, dass sie jeden Morgen vor dem Spiegel einen »Ausschnitttest« macht, d. h., sie achtet darauf, dass die Kleidung auch in allen möglichen Unterrichtssituationen keine zu weiten Einblicke gewährt. Dennoch sollten Sie sich in Ihrer Kleidung wohlfühlen und sie nicht als »Uniform« empfinden, die Sie in Ihrem natürlichen Auftreten behindert.

Wenn die Frage nach dem Äußeren geklärt ist, sind eingehende Überlegungen für den Anfang der Stunde angesagt. Da sich eine mögliche Nervosität besonders auf den Stundenbeginn auswirkt, dieser aber gerade entscheidend für den ersten Eindruck sein kann, ist es ratsam, die ersten Minuten im Vorfeld genau zu durchdenken und zu planen. Für manche/n empfiehlt sich sogar, den »ersten Auftritt« in einem Rollenspiel mit Seminarkolleg/innen zu proben. Dadurch wird man sich möglicherweise eigener Verlegenheitsgesten und -floskeln bewusst und kann sie dann bei der »Premiere« vermeiden.

»Bühne frei!«

Ist der große Moment dann gekommen, zeigen Sie von Beginn an Präsenz, verbreiten Sie keine Hektik und erwarten Sie Ruhe von der Klasse. Das geht am wirkungsvollsten durch eine erwartungsvolle Körperhaltung, weniger durch kurzatmige Ermahnungen: Stellen Sie sich ruhig und gerade (nicht auf das Pult gestützt) vor die Klasse, schauen Sie die Schüler/innen an und nicht über sie hinweg. Wenn Sie die Klasse bereits in vorhergehenden Hörbeziehungsweise Hospitationsstunden ein wenig kennengelernt haben, ist es sinnvoll, gewohnte Rituale, z. B. das gemeinsame Aufstehen zu Stundenbeginn, aufzugreifen.

Nach der Begrüßung möchten die Schüler/innen zunächst erfahren, mit wem sie es zu tun haben. Nennen Sie daher nicht nur Ihren Namen, sondern schreiben Sie ihn auch an die Tafel. Sie können auch ein bisschen über sich erzählen (z. B. ob Sie verheiratet sind, ob Sie Kinder haben, was Ihnen an Ihrem Fach gefällt). So wirken Sie offener und persönlicher; zu viel von sich preiszugeben – und das gleich am Anfang –, kann jedoch anbiedernd und distanzlos erscheinen.

Ob Sie sich die Zeit für eine allgemeine Vorstellungsrunde nehmen, hängt von der Klassensituation und der Klassengröße ab.

Da sich die Schüler/innen ja alle untereinander kennen, kann vor allem bei Klassen ab der Mittelstufe eine lange Vorstellungsrunde ermüden und zu Unruhe führen.

In unserer Umfrage hat sich herausgestellt, dass viele Schüler/innen eine Vorstellungsrunde zu Beginn der Stunde sehr schön und ansprechend fanden. In einem Fall stellte sich der Referendar der Klasse vor und baute in seine Charakterisierung eine Lüge ein. Die Klasse sollte anschließend erraten, an welcher Stelle der Referendar die Lüge versteckt hatte. Anschließend bekamen die Schüler/innen die Aufgabe, ihren jeweiligen Tischnachbarn der Klasse vorzustellen und in die Beschreibung eine Lüge einzubauen.

Bei dieser Gelegenheit fertigte sich der Referendar gleich einen Sitzplan der Klasse an, um sich die Gesichter zu den Namen zuhause einzuprägen.

Die Schüler/innen möchten in der Regel bereits in der ersten Stunde erfahren, wie die schriftlichen und mündlichen Noten gemacht werden. Diese organisatorischen Fragen können aber auch am Ende der Stunde geklärt werden.

Gleich zeigen, was man kann!

Die oben genannte Befragung der Schüler/innen hat ergeben, dass zum ersten Eindruck eines neuen Referendars/einer neuen Referendarin nicht nur – wie man vielleicht meinen könnte – das Auftreten gehört, sondern dass auch die fachlichen, insbesondere die didaktischen und pädagogischen Fähigkeiten der Lehrkraft zählen. Auch dafür haben die Schüler/innen einen geübten, natürlich auch subjektiv getönten Blick. So freuen sie sich über methodische Abwechslung, überraschende Momente, vor allem aber über eine klar erkennbare Struktur bereits in der ersten Stunde!

Noch wichtiger, für die Lehrkraft am Anfang allerdings schwer einzuschätzen, ist die Tatsache, dass jede Klasse, ja jede einzelne Schülerin/jeder einzelne Schüler eine »Vorgeschichte« in einem Fach hat. Beliebt sind daher häufige Fragen oder Bemerkungen, die die Vorgängerin/den Vorgänger zum Vergleich heranziehen,

z. B. »Machen Sie auch so oft Gruppenarbeit wie Frau xx?«, »Fragen Sie auch montags nicht ab wie Herr xy?« oder ein motivierendes (oder manchmal auch berechnendes?) »Bei Ihnen hab ich das jetzt endlich verstanden! Frau xx hat das nämlich nie richtig erklärt!«

Eine neue Lehrkraft ist für manche Schüler/innen auch immer eine neue Chance; sie melden sich gerade in der ersten Stunde öfter als früher. Andere fürchten, ihren bisher erarbeiteten Status wieder neu erarbeiten zu müssen, vielleicht sogar in ihrem Talent verkannt zu werden. Wichtig für alle ist daher, dass sie sich von Ihnen beachtet und geachtet fühlen. Versuchen Sie daher schon in der ersten Stunde, sich Namen zu merken, aber nicht nur von denen, deren Namen sich jede Lehrerin/jeder Lehrer aufgrund ihres Auftretens sofort merkt!

Schüler/innen schätzen es, wenn Lehrkräfte sich für ihre Meinung interessieren. Sprechen Sie mit der Klasse über die geplanten Unterrichtsinhalte und Arbeitsformen. Versuchen Sie, soweit wie möglich auch auf deren Wünsche einzugehen. Auf diese Weise können Sie nicht nur schnell und einfach Kontakt zu der Klasse knüpfen, sondern zeigen den Schülern, dass Sie sie ernst nehmen.

Aller Anfang ist schwer!

Auch wenn Sie sich zunächst noch unsicher und ein wenig unwohl fühlen, lassen Sie sich nicht entmutigen! In unserer Umfrage zeichneten sich bei den Referendar/innen nach der ersten Stunde unterschiedlichste Gefühle ab. Auf einer Skala von Zufriedenheit bis hin zu Frustration war alles vertreten, jedoch überwogen die positiven Gefühle.

Mit der ersten Stunde können Sie sich eine sichere Basis schaffen, auf der Sie in den künftigen Stunden aufbauen. In diesem Sinn sind auch die Antworten zu interpretieren, die Schüler/innen aller Altersstufen in unserem Fragebogen auf die Frage »Was erwartest du dir in den nächsten Stunden von der Lehrkraft?« formuliert haben, z. B. »sich Mühe geben wie in der ersten Stunde« (Oberstufe), »dass es so weiter geht« (Unterstufe).

Die Lehrprobe

Anna Theresa Steubing/Carla Ullmann

Sie kommt so sicher wie das Amen in der Kirche und ist der Schrecken vieler Referendar/innen: die Lehrprobe.

Eine Lehrprobe ist für Sie als Referendar/in wie auch für uns Schüler/innen eine Ausnahmesituation, wenngleich wir diese sicherlich schon öfters erlebt haben als Sie in Ihrer Rolle als Lehrer/in.

Eine Lehrprobe wirkt auf uns oft wie eine »Showstunde«, die mit der Unterrichtsrealität auf den ersten Blick recht wenig zu tun hat. Alles muss perfekt sein. So werden Texte nicht auf alltägliches Schulpapier, sondern auf strahlend weißes und Fotos auf Fotopapier gedruckt. Das Klassenzimmer wird schon Stunden vorher auf Hochglanz gebracht, Jacken und Mäntel bleiben – im Gegensatz zum normalen Schulalltag – an der Garderobe im Schulflur, und die Tafel erstrahlt in einem frischen Grün. Belagert von Laptop, Beamer, einer großen Wandkarte samt Kartenständer und zwei OHPen wirkt das Klassenzimmer wie der Medienraum der Schule.

Manchmal haben wir das Gefühl, Äußerlichkeiten werden dabei wichtiger genommen als der Inhalt der Stunde. Sicherlich spielt der Gesamteindruck eine nicht unerhebliche Rolle, und dazu gehören nun einmal optimale Rahmenbedingungen. Deshalb bemühen wir Schüler/innen uns, in Lehrproben auch einen guten Eindruck zu machen. Entscheidend ist aber sicher die Unterrichtsstunde selbst: die Lernziele und -inhalte, die Methoden, das Zeitmanagement, das Ergebnis. Um damit die Prüfungskommission überzeugen zu können, ist eine gute und ausführliche Vorbereitung notwendig, aber auch die punktgenaue Umsetzung in der Lehrprobenstunde selbst.

Die Planung

In den verschiedenen Bundesländern gibt es gemäß der jeweiligen Prüfungsordnung sicherlich Unterschiede, was die Mitsprache der Referendar/innen bei der Festlegung des Lehrprobenthemas und der Klasse, in der die Lehrprobe gehalten wird, angeht.

Wenn Sie mehrere Klassen zur Auswahl haben, suchen Sie sich am besten diejenige aus, mit der Sie bisher schon gut arbeiten konnten und die umgekehrt auch mit Ihnen gut zurechtkommt. Denn schließlich sind eine gute Unterstützung und motivierte Mitarbeit von Seiten der Schüler/innen in der Lehrprobe von großer Wichtigkeit und erleichtern Ihre Situation als Prüfling.

Gehen Sie jedoch nicht unbedingt davon aus, dass sich eine Klasse in der Lehrprobe tatsächlich so verhält wie in den »normalen« Stunden. Auch wir Schüler/innen sind in einer Lehrprobenstunde angespannter als sonst und wollen nichts falsch machen. Deshalb sind lebhafte Klassen, die sich normalerweise eifrig beteiligen und gern diskutieren, in der Lehrprobe manchmal überraschend still und umgekehrt. In der Regel kann man davon ausgehen, dass die Klasse fair ist und sich bemüht, dem Referendar/der Referendarin bei der Lehrprobe zu helfen.

Doch zunächst zur inhaltlichen Vorbereitung der Stunde. Wann sollten Sie mit Ihren persönlichen Planungen beginnen, und wie viel Zeit sollten Sie dafür investieren? Zu diesem Thema haben wir die Referendar/innen des Studienseminars unserer Schule befragt.

In der Regel erfahren Sie den Termin Ihrer Lehrprobe zwei bis drei Wochen im Voraus. Den von uns befragten Referendar/innen erschien dies anfangs relativ knapp, doch kamen sie mit diesem Zeitfenster letztlich gut zurecht. Die meisten gaben aber an, dass sie die zwei Wochen vor der Lehrprobe als ziemlich stressig empfunden haben, da der normale Unterricht und die sonstigen beruflichen Verpflichtungen nebenher auch noch zu bewältigen waren.

Die meisten der befragten Referendar/innen arbeiteten täglich je nach Thema und Aufwand zwischen zwei und vier Stunden an der Lehrprobe. Definitiv investierten sie in die Vorbereitung der Lehrprobe mehr Zeit als in die tägliche Unterrichtsvorbereitung. Wochenenden wurden intensiv genutzt, und oft auch bei alltäglichen Dingen, z. B. beim Autofahren, war das Thema Lehrprobe in Gedanken präsent.

Wegen dieser erhöhten Anspannung in der Zeit vor der Lehrprobe ist es wichtig, sich bewusst Zeit zur Entspannung zu nehmen (vgl. Zeitmanagement S. 148 ff.) und seinen Hobbys nachzugehen, um Abstand zum Beruf zu gewinnen. Schlafen Sie viel, erstellen Sie sich einen Arbeitsplan und schließen Sie Ihre Vorbereitungen möglichst schon zwei Tage vor der Lehrprobe ab. In einem Interview (S. 143 ff.) mit einer Seminarleiterin erfuhren wir, dass die Vorbereitung schon »die halbe Miete« ist. Wer rechtzeitig damit anfängt, dem bleibt genügend Zeit für die Überarbeitung und für das »Sich-Setzenlassen«.

Zusätzlich kann und sollte man die Lehrprobe mit Kolleg/innen, im Freundeskreis oder mit Familienangehörigen im Vorfeld durchsprechen, um mögliche Schwachstellen aufzudecken. Bleiben Sie in einem ständigen Diskurs. Die Teilnehmer/innen unseres Studienseminars führen die einzelnen Lehrproben sogar als Rollenspiel durch. Darin können neben dem Zeitmanagement vor allem auch Übergänge, Arbeitsanweisungen und Reaktionen auf Schülerbeiträge trainiert werden.

Es genügt, wenn Sie der ausgewählten Klasse etwa eine Woche vor Ihrer Prüfung Bescheid geben und grundsätzliche Verhaltensweisen klären. Nehmen Sie den Schüler/innen zunächst ein wenig die Anspannung, indem Sie ihnen deutlich machen, dass nicht die Schüler/innen geprüft werden, sondern Sie. Für die Klasse handelt es sich um eine übliche Unterrichtsstunde mit der Ausnahme, dass im hinteren Teil des Klassenzimmers eine Prüfungskommission sitzt. Bereiten Sie die Schüler/innen darauf vor, dass eine/r von ihnen (meist aus der letzten Reihe) möglicherweise von einem Mitglied der Kommission gebeten wird, ihm das Heft zu zeigen, um sich ein Bild vom bisherigen Unterricht zu machen.

Außerdem sollten Sie die Schüler/innen ermahnen, pünktlich, vielleicht sogar ein paar Minuten früher, zur Lehrprobe zu erscheinen. Das schont Ihre Nerven und erspart Ihnen die peinliche Situation und die Unsicherheit in der Lehrprobe, ob und wie Sie auf die Störung reagieren sollen.

Sie sollten in der Stunde vor der Lehrprobe auch erwähnen, welche Unterrichtsmaterialien die Schüler/innen für die Lehrprobe benötigen. Es würde den Unterrichtsverlauf stören, wenn erst im Lauf der Stunde geklärt werden müsste, wer überhaupt ein Buch dabei hat und wer mit wem in ein Buch schauen kann.

Ermutigen Sie die Klasse, sich in der Lehrprobe mit möglichst vielen und breit gestreuten Beiträgen am Unterrichtsgespräch zu beteiligen. Nehmen Sie den Schüler/innen damit die Sorge, Sie durch falsche Antworten aus dem Konzept zu bringen oder sich selbst vor der Prüfungskommission zu blamieren. Vereinbaren Sie ruhig, dass sich jede Schülerin/jeder Schüler in der Lehrprobenstunde mindestens einmal melden sollte. *Schüleraktivierung* ist immerhin ein wichtiges Beurteilungskriterium.

Die logistische Vorbereitung

Zur Vorbereitung einer Lehrprobe gehört auch die Logistik. Wer sich in diesem Bereich im Vorfeld einige Gedanken macht, erspart sich unnötigen Stress kurz vor und während der Lehrprobe. So kann man sich in der Stunde besser auf das Wesentliche, nämlich den Unterricht selbst, konzentrieren.

Klären Sie rechtzeitig – d.h. etwa eine Woche vor der Lehrprobe – durch Absprachen mit Kolleg/innen sowie dem Raum- und Stundenplaner, ob es möglich ist, das Klassenzimmer *in Ruhe* für die Lehrprobe vorzubereiten. Am besten wäre es, der Raum könnte in der Stunde vor der Lehrprobe freigehalten werden, um folgende Vorbereitungen zu treffen:

Tipps für die Vorbereitung eines Raums für die Lehrprobe

- Kontrollieren Sie, dass kein Müll im Klassenzimmer liegt, die Tische gemäß dem Sitzplan in Ihrem Unterrichtsentwurf angeordnet und zusätzliche Tische und Stühle für die Mitglieder der Prüfungskommission aufgestellt sind.
- Wischen und trocknen Sie die Tafel.
- Lüften Sie ausreichend, schließen Sie aber rechtzeitig vor Beginn der Stunde die Fenster.
- Überprüfen Sie, ob genügend trockene Kreide vorhanden ist.
- Platzieren Sie den OHP und/oder Beamer so, dass dadurch keiner Schülerin/keinem Schüler und keinem Mitglied der Prüfungskommission die freie Sicht zur Tafel oder zur Projektionsfläche genommen wird.
- Testen Sie alle notwendigen technischen Geräte, ob und wie sie funktionieren. So lassen sich peinliche und zeitraubende Situationen in der Lehrprobenstunde vermeiden, in denen man z.B. den OHP anschaltet, aber in der Aufregung den Spiegel nicht öffnet.
- Starten Sie Ihre Präsentation, um sicherzustellen, dass die Übertragung zwischen Laptop und Beamer einwandfrei funktioniert und die Programmversion Ihrer Präsentation kompatibel mit der des Schulcomputers ist, falls Sie nicht – was gerade unter diesem Gesichtspunkt ratsam ist – Ihr eigenes Laptop verwenden.
- Wenn die Geräte erst im Lauf der Stunde an die richtige Stelle gebracht werden sollen, machen Sie sich z.B. mithilfe eines Klebestreifens eine Markierung auf den Boden, wo diese stehen müssen. So verlieren Sie in der Stunde nicht unnötig Zeit und Ihre Konzentration wird nicht abgelenkt.
- Kontrollieren Sie, ob sich möglicherweise Projektionsfläche von OHP oder Beamer und Tafel (nach dem Aufklappen) überschneiden.
- Kommen Sie einige Minuten vor Beginn der Lehrprobe noch einmal zur Ruhe und gehen Sie in Gedanken Ihre ersten Sätze durch.

Die Lehrprobenstunde

Nun zu Ihrer Prüfung, der Lehrprobe. Wie schon angeklungen, sollte es sich bei einer Lehrprobe um eine »gewöhnliche« Unterrichtsstunde handeln – mit der Ausnahme, dass im hinteren Teil des Klassenzimmers noch Seminarlehrkräfte und der Seminarvorstand sitzen.

Bei diesem Gedanken zucken Sie vielleicht innerlich zusammen. Die von uns befragten Referendar/innen gingen mit gemischten Gefühlen in ihre Lehrprobe. Natürlich waren viele aufgeregt, nervös, unsicher und so manche/r hatte Angst, sich zu blamieren. »Oh, Gott, ich sterbe!« – auch das bekamen wir zu hören, als wir nach den spontanen Gedanken kurz vor der Stunde fragten.

Doch neben diesen negativen Gefühlen äußerten die Referendar/innen auch positive Empfindungen. So gingen viele Prüflinge zuversichtlich, entschlossen und relativ selbstsicher in die Stunde. Das lag hauptsächlich an der gründlichen Vorbereitung. Im Gegensatz zu einer mündlichen Prüfung, bei der man nicht weiß, welche Fragen gestellt werden, kann man in der Lehrprobe weitgehend das »Heft in der Hand« behalten. Man weiß, mit wem man es zu tun hat. Die Unwägbarkeiten halten sich in einem überschaubaren Rahmen. Also nur Mut! Sie dürfen zuversichtlich sein und zeigen, was Sie können!

Die von uns befragten Seminarlehrkräfte gehen positiv gestimmt in Lehrproben, denn auch sie lassen sich gern von neuen Herangehensweisen überraschen. Außerdem haben sie keine Vorurteile. Auch wenn Sie in vorhergehenden Stunden einiges an Kritik von den Seminarlehrer/innen zu hören bekommen haben, werden Sie nicht als »schlechte« Referendarin/»schlechter« Referendar in eine Schublade gesteckt.

Da diese Stunde auch für uns Schüler/innen nicht alltäglich ist und sich keine/r einzeln blamieren will, sehen wir es gerne, wenn Sie in dieser Stunde auf eine Abfrage verzichten und stattdessen den Unterrichtsstoff der letzten Unterrichtsstunde gemeinsam mit der Klasse wiederholen, sofern die Lehrprobe auf der letzten Stunde aufbaut. Wenn Sie bei der Anknüpfung an die letzte Stunde zeigen wollen, dass Sie dabei auch einzelne Schülerleistungen bewerten, dann können Sie einer Schülerin/einem Schüler in der Stunde vor der Lehrprobe beispielsweise einen Rechercheauftrag zum Thema geben, dessen Ergebnis zu Beginn der Stunde *kurz* präsentiert wird und als inhaltliche Überleitung zum Lehrprobenthema dient.

In der Regel sind die Anforderungen, die an Sie als Referendar/in gestellt werden, beziehungsweise die Kriterien, nach denen Ihre Lehrprobe bewertet wird, in einem Katalog formuliert. Dieser wird Ihnen von Ihren Seminarlehrkräften in der Ausbildung vorgestellt. Doch natürlich setzt jede Prüferin/jeder Prüfer seine eigenen Schwerpunkte. In unseren Interviews mit Seminarlehrkräften betonten diese in Bezug auf Konzept und Unterrichtsgestaltung der Lehrprobe, dass wir Schüler/innen in der Stunde etwas lernen, dabei aber auch Spaß haben sollten und es bestenfalls einen »Aha«-Effekt gibt. Wir sollten also den Stoff verstehen und uns neue Kompetenzen aneignen. Auch sollte die Stunde methodisch abwechslungsreich sein und einen Höhepunkt haben. Ein roter Faden, der sich durch die Stunde zieht, ist sinnvoll.

Neben Inhalt und Methode spielen auch die eingesetzten Medien eine wichtige Rolle. So legen die befragten Prüfer/innen großen Wert auf gut strukturierte Arbeitsblätter und Tafelbilder.

Im Hinblick auf das Verhalten und Auftreten der Referendarin/des Referendars ist den befragten Seminarlehrkräften wichtig, dass sie/er sich in die Rolle der Schüler/innen hineinversetzen und sie gut anleiten kann. Außerdem sollte die Referendarin/der Referendar den Kindern/Jugendlichen Struktur geben, sie *führen* – notfalls auch auf kleinen, vom Konzept leicht abweichenden Umwegen. Sie als Lehrer/in lenken das Unterrichtsgespräch. Sie sollten dabei aber angemessen auf Beiträge der Schüler/innen reagieren, auch wenn sie nicht in Ihr Konzept passen. Es wird als besondere Kunst des Unterrichtens – auch und gerade in der zeitlich begrenzten Lehrprobenstunde – erachtet, Schülerbeiträge wahrzunehmen, adäquat zu würdigen und im Sinn des Unterrichtszieles weiterzuführen.

So vielen Ansprüchen muss man erst einmal gerecht werden. Die von uns befragten Referendar/innen berichteten von unterschiedlichen Gefühlen während der Lehrprobe: Aufgrund der ausführlichen und langwierigen Vorbereitung und wegen der Unterstützung von Seiten der Klasse fühlte sich die Mehrheit von ihnen gut, ihre anfängliche Angst verschwand allmählich und machte Beruhigung Platz. Andererseits gestanden uns einzelne Referendar/innen auch, sich die ganze Zeit unter Strom und aufgrund des Zeitdruckes gehetzt gefühlt zu haben.

Hier helfen vielleicht folgende Tipps: Versuchen Sie die Prüfungssituation auszublenden, indem Sie Ihren Blick bewusst auf die Schüler/innen konzentrieren! Schauen Sie nicht auf die Mitglieder der Prüfungskommission. Machen Sie sich bewusst, dass alle Anwesenden auf Ihrer Seite stehen und Sie unterstützen wollen.

Versuchen Sie in jeder Situation ruhig zu bleiben, egal was passiert. Ein brennender OHP sollte Sie nicht aus Ihrem Konzept bringen – genau das ist in einer Lehrprobe passiert; die betroffene Referendarin reagierte besonnen und bekam eine gute Note. Kurz gesagt: Nicht alles in der Lehrprobe ist planbar. Doch zur Beruhigung: Am Ende der Stunde überwogen bei den meisten unserer Referendar/innen die positiven Gefühle.

Und dazu steuern in den Lehrproben auch wir Schüler/innen unseren Anteil bei, wenn wir besonders gut mitarbeiten und auf kleine Gespräche mit dem Nachbarn verzichten. Zur Mitarbeit der Schüler/innen ein Zitat einer Referendarin:

»Irre. Wahnsinn! Man sollte (fast) allen Schülern nach einer Lehrprobenstunde eine Eins oder Zwei oder wenigstens ein Stück Kuchen geben, weil sie so viel leisten, so toll mitarbeiten und ja selbst auch viel zur Note beitragen, zumindest indirekt.«

Natürlich müssen Sie es damit nicht übertreiben. Aber die meisten Klassen freuen sich, wenn sie in der Stunde nach der Lehrprobe ein kleines Dankeschön bekommen.

»Die Lehrprobe ist wie ein Elfmeter im Fußball« – Erfahrungen und Tipps einer Seminarlehrerin

Frau W. ist seit vielen Jahren als Seminarlehrerin an unserer Schule tätig und hat in dieser Zeit etliche Jahrgänge an Studienseminaren ausgebildet, viele Referendar/innen in ihrer persönlichen Entwicklung als Lehrer/in begleitet und an die hundert Lehrprobenstunden erlebt. Wir haben sie in einem Interview über ihre Erfahrungen bei der Betreuung und Bewertung von Lehrproben, über Kriterien für gelungene Prüfungsstunden sowie zu ihrer Einschätzung über die Aussagekraft von Lehrproben befragt:

Frau W., können Sie sich noch an Ihre eigenen Lehrproben während der Ausbildung erinnern?

Das ist zwar jetzt schon fast zwanzig Jahre her, aber seine Lehrproben vergisst man wahrscheinlich nie. Man bereitet sich ja so akribisch vor, geht die Stunde gedanklich tausendmal durch und erlebt auch die Stunde selbst ziemlich intensiv.
Ich kann mich sogar noch an einzelne Schülerinnen und Schüler erinnern, die mir aus ihrer reichen Erfahrung heraus Tipps gegeben haben. So nahm mich ein Siebtklässler nach der letzten Stunde vor der Lehrprobe beiseite und sagte: »Frau W., unser Direktor legt immer großen Wert darauf, dass die Overheadfolien gerade auf dem Projektor liegen. Ihre lag heute etwas schief.« Ich bedankte mich herzlich, und wir vereinbarten, dass er mich in der Lehrprobe etwas schief anschauen sollte, wenn es mir wieder passieren sollte, damit ich es korrigieren könnte.
Diese kleine Geschichte zeigt einerseits, dass Schülerinnen und Schüler sich in der Regel äußerst solidarisch mit den Referendaren zeigen und durch ihre Erfahrungen gewissermaßen auch Lehrprobenexperten sind. Zudem sieht man am Beispiel der »schiefen Overheadfolie«, dass in der allgemeinen Wahrnehmung, welche Kriterien angeblich für eine gute Lehrprobe *ausschlaggebend* sind, doch manch falsche Gerüchte im Umlauf sind.

Dann klären Sie uns doch mal auf: Was gehört denn zu einer guten Lehrprobe? – oder anders gefragt: Welche Fehler sollte man in einer Lehrprobe vermeiden?

Das wichtigste Kriterium in einer Lehrprobe ist – und das sollte übrigens in jeder Unterrichtsstunde angestrebt werden –, dass ein *klares Unterrichtsziel* zu erkennen ist, das möglichst auch erreicht wird. In einer gelungenen Lehrprobenstunde erkennt man einen »roten Faden«, der übrigens auch schon im vorher schriftlich angefertigten Entwurf deutlich wird. Überhaupt sind genaue Vorüberlegungen über den sinnvollen Aufbau und den Spannungsbogen der Stunde äußerst wichtig. Dabei kommt auch der sach- und schülergerechten Auswahl von Materialien eine besondere Bedeutung zu. Aber man muss für die Lehrprobe nicht unbedingt »das Rad neu erfinden« und z. B. Quellentexte selbst zusammenstellen, sondern kann auch geeignete Materialien aus dem Lehrbuch nehmen.
Davon, dass die Inhalte und Materialien sachgerecht ausgewählt werden, sollte bei Referendarinnen und Referendaren nach einem wissenschaftlichen Studium ihrer Fächer eigentlich ausgegangen werden können. Es wird von ihnen aber ebenso erwartet, dass sie bei der Auswahl auch immer ihre Zielgruppe, Schülerinnen und Schüler einer bestimmten Altersgruppe mit einem gewissen Vorwissen und einem entwicklungsgemäßen Reflexionsvermögen, im Blick haben.
Gerade in Lehrproben wird die Klasse häufig entweder über- oder unterschätzt, je nachdem, ob Referendare die Befürchtung haben, unbedingt ihr umfassendes Fachwissen unter Beweis stellen zu müssen, oder aber durch ein kleinschrittiges, einfaches Unterrichtsniveau die eifrige Mitarbeit der Schülerinnen und Schüler sicherstellen wollen. Beides ist falsch. Wie so oft, ist es auch hier die Herausforderung, den richtigen Mittelweg zu finden. Deshalb sollten die Referendare ihren Unterrichtsentwurf mit der Seminarlehrkraft, mit der Betreuungslehrerin beziehungsweise dem Betreuungslehrer oder mit anderen erfahrenen Fachkollegen besprechen.
Ein weiteres Kriterium für die Lehrprobenstunde, das mit den bisher genannten in engem Zusammenhang steht, ist das Zeitmanagement. »Ich bin nicht ganz fertig geworden«, lautet immer wieder das erste, meist enttäuschte Resümee der Referendare unmittelbar nach der Lehrprobe. Häufig sind es leider gerade diejenigen, die sich besonders viele Gedanken zu ihrem Thema gemacht haben und möglichst viele Aspekte und Methoden bieten wollten. Da das Unterrichtsziel am Ende der Stunde erreicht werden soll, muss man bei der Planung und auch in der Lehrprobe selbst darauf achten, genügend Zeit für die Abrundung der Stunde zu haben. Am Ende der Stunde wird oft erst deutlich, ob die Schülerinnen und Schüler verstanden haben, worum es geht. Hier sollte klar werden, dass sie in der Stunde tatsächlich etwas dazugelernt haben. (S. 69 f.)
Lieber kürzt man spontan an der einen oder anderen Stelle während der Stunde ein bisschen, wenn eine Arbeitsphase oder ein Unterrichtsgespräch länger gedauert hat als gedacht, oder man baut schon in den Entwurf Puffer

z. B. in Form von vertiefenden, aber nicht unbedingt notwendigen Fragen ein, auf die man bei Zeitdruck verzichten könnte.
Täuscht der Eindruck, oder sollten die Kriterien, die Sie gerade genannt haben, idealerweise für jede Unterrichtsstunde gelten? Warum haben wir Schüler/innen oft das Gefühl, das Wichtigste an einer Lehrprobe sei die »Action« – möglichst ein Feuerwerk an Methoden und Medien?

Zunächst als Antwort auf die erste Frage ein klares und nachdrückliches JA! Deshalb sind die Lehrproben ja auch keine »Show«, sondern ein besonders gut geplanter und durchgeführter Unterricht, was einem im Unterrichtsalltag aus verschiedenen Gründen – oftmals wegen des hohen Zeitaufwands – nicht immer gelingt. Außerdem ist Unterricht – wie ihr selbst aus Erfahrung wisst – wegen manch unwägbarer organisatorischer Rahmenbedingungen nicht immer so gut planbar.
Auf eure zweite Frage, warum Lehrprobenstunden oft wie eine »Show« wirken, gibt es eine einfache Antwort: Weil eine Referendarin beziehungsweise ein Referendar in dieser Stunde zeigen will, was er oder sie kann! Aber genau darin liegt eine Gefahr: Wir Seminarlehrkräfte wollen keine Schauveranstaltung, bei der es in erster Linie um die äußere Verpackung geht, sondern Methoden und Medien müssen immer im Dienst von Zielen und Inhalten stehen. Darin besteht die Kunst des Unterrichtens! Natürlich möchte man in einer Lehrprobe demonstrieren, dass man diese Kunst versteht und dass man auf ein reiches Repertoire zurückgreifen kann, aus dem man *ziel- und adressatengemäß auszuwählen (!)* versteht – Das ist nicht nur legitim, sondern sogar ratsam.
So wie es also mit in die Bewertung einer Lehrprobe eingeht, welche Art von Materialien man wie präsentiert, wie ansprechend das Layout von Arbeitsblättern ist, wie gut man offene Unterrichtsformen moderiert und wie erfolgreich man die Schüler zu kreativen Beiträgen aktiviert, so wichtig ist es auch, dabei ein gewisses Maß einzuhalten und nicht Methoden zum Selbstzweck einzusetzen. Manchmal ist weniger mehr!
Manche Referendare unterschätzen bei all ihren Bemühungen, ein möglichst breites Spektrum an Methoden, Medien und Materialien zu bieten, wie wichtig es ist, auch in der Lehrprobe die Lehrer-Schüler-Beziehung im Blick zu haben. So sind Überleitungen, Reaktionen auf Schülerbeiträge sowie das Moderieren von Diskussionen wichtige Phasen auch in einer Lehrprobenstunde. In einem gut geführten Unterrichtsgespräch merkt man, wenn Schülerinnen und Schüler nicht nur Stichwortgeber sind, sondern ihre Beiträge ernst genommen und gewürdigt werden, auch wenn sie dem Referendar gerade nicht unbedingt ins Konzept passen. Deshalb ist es ein wichtiges Beurteilungskriterium, ob es einer Referendarin oder einem Referendar gelingt, Material, Medien und Methoden im Unterrichtsgespräch für das Ziel der Stunde auszuwerten.

Kommen wir noch einmal auf die »schiefe Overheadfolie« vom Anfang unseres Gesprächs zurück. Sie sprachen von »Gerüchten«, dass solche Äußerlichkeiten Einfluss auf die Bewertung der Lehrprobe hätten. Sind sie also völlig unwichtig?

Da muss man differenzieren. Natürlich vermitteln diese Dinge einen Eindruck von der Umsicht und der Sorgfalt, mit der der Referendar agiert. Wegen einer schief auf den Overheadprojektor gelegten Folie hat noch niemand eine schlechtere Note bekommen.
Aber nehmen wir ein anderes Beispiel. Eine Referendarin hat mir erzählt, sie sei von der Klasse vor der Lehrprobe darauf aufmerksam gemacht worden, dass der Schulleiter besonderen Wert auf eine saubere und trockene Tafel legen und bestimmte Kreidefarben gegenüber anderen bevorzugen würde. Was da so als »Spleen« des Seminarvorstands dargestellt wird, ist in Wirklichkeit ein wichtiges Detail in der Unterrichtsplanung – und zwar in *jeder* Stunde. Eine unsauber gewischte Tafel und z. B. grüne, blaue oder braune Kreide beeinträchtigen vor allem für die Schülerinnen und Schüler in den hinteren Reihen die Lesbarkeit der Tafelanschrift nachhaltig und führen möglicherweise zu falschen oder unvollständigen Hefteinträgen.
Es gilt deshalb: (Scheinbare) Äußerlichkeiten, die bei genauerem Nachdenken einen tieferen Sinn erkennen lassen, sollten die Referendare – ebenso wie alle anderen Lehrkräfte – nicht nur in der Lehrprobe beachten.

Das führt uns zu einer generellen Frage: Warum kann man all diese Fähigkeiten der Referendarinnen und Referendare nicht auch in den regelmäßigen Unterrichtsbesuchen während ihrer Ausbildung überprüfen? Weshalb wird ein so großer Wert auf die Lehrproben gelegt, die ja doch in gewisser Weise Sondersituationen sind?

Die Fähigkeiten der Unterrichtsgestaltung und des richtigen Umgangs mit den Schülerinnen und Schülern werden in der Tat während der ganzen Ausbildungszeit in den besuchten Unterrichtsstunden, aber auch darüber hinaus beurteilt. Eine misslungene Lehrprobe sagt noch lange nichts über die Gesamtqualifikation eines Referendars aus.
Ich vergleiche Lehrproben gerne mit Elfmetern beim Fußball. Jedem ist klar, dass ein Fußballspiel nicht nur aus Elfmetern besteht, sie aber dennoch zum Spiel gehören und manchmal sogar Spiele entscheiden können. Ein Elfmeter ist eine künstliche Spielsituation, die Bedingungen sind ideal: Der Ball ruht, kein Gegenspieler greift an, der Schütze kann sich kurz konzentrieren, muss aber auf das Signal des Schiedsrichters hin möglichst punktgenau zielen und treffen. Normalerweise geht man davon aus, dass ein geübter Fußballer einen Elfmeter sicher verwandelt, dennoch kann es passieren, dass auch der beste Spieler den Ball verschießt.

Die Enttäuschung ist groß, aber der Spieler wird deswegen nicht sofort ausgewechselt, man zweifelt nicht an seiner Qualität, die er im Spiel immer wieder gezeigt hat.
Ähnlich verhält es sich mit der Lehrprobe: Sie ist eine Sondersituation unter idealen Bedingungen (lange Vorbereitung, pünktlicher Unterrichtsbeginn, keine Störung während der Stunde, hoch motivierte Schülerinnen und Schüler), wie sie im normalen Unterrichtsalltag nicht oft gegeben sind. Man erwartet, dass eine gute Lehrkraft unter diesen Bedingungen einen guten Unterricht halten kann.

Es kommt vor, dass ihr dies – warum auch immer – nicht so gelingt, wie sie oder die Prüfungskommission sich das vorstellen. Das heißt aber nicht, dass sie deshalb per se eine schlechte Lehrkraft ist. Deshalb wird sie ja während ihrer Ausbildungszeit von den Seminar- und Betreuungslehrkräften gecoacht und kann ihr Talent in vielen Unterrichtsstunden unter Beweis stellen. Und – um beim Bild des Fußballs zu bleiben: Auch Elferschießen kann man trainieren!

Stress- und Zeitmanagement

Anna Theresa Steubing/Carla Ullmann

»Das Referendariat ist schon auszuhalten, aber es ist auch sehr stressig«, schreibt eine Referendarin auf der Ihnen vermutlich bekannten Webseite www.referendar.de über ihre Erfahrungen im Referendariat. Weitere Recherchen auf dieser Seite und die Lektüre von Zeitungsberichten über die Ausbildungszeit als angehende Lehrerin/angehender Lehrer zeichnen teilweise ein erschreckendes Bild von der »Horrorzeit« Referendariat.

»Der Klassenkampf« (ZEIT Campus 01/2008), »Die schlimmste Zeit meines Lebens« (Süddeutsche Zeitung, 17.05.2010), »Junglehrer – Ausgebrannt, bevor es losgeht« (Spiegel Online, 30.04.2012) lauten Schlagzeilen in renommierten Zeitungen. Mal ehrlich: Warum tun Sie sich so etwas eigentlich an?

Vielleicht weil Sie bereits andere, deutlich positivere Erfahrungen in Ihrem Referendariat gemacht haben, wie die Referendar/innen an unserer Schule, die jedenfalls nicht den Eindruck vermitteln, als ob sie derart unglücklich über ihr Dasein sind.

Das Referendariat – Eustress oder Disstress?

Natürlich lassen sich die zeitlichen und psychischen Belastungen im Lehrerberuf und speziell im Referendariat nicht kleinreden. Deshalb haben wir uns entschlossen, sie auch in unserem Ratgeber zu thematisieren. Uns ist dabei wohl bewusst, dass wir als Schüler/innen hier keine Tipps aus erster Hand geben können. Deshalb haben wir als Grundlage für die folgenden Ausführungen, neben ausgewählter Sekundärliteratur, in erster Linie Ergebnisse von mündlichen und schriftlichen Befragungen der Referendar/innen, die an unserer Schule von 2011 bis 2013 ihre Ausbildung absolviert haben, herangezogen. Darüber hinaus haben wir die eine oder andere Anregung von berufserfahrenen Lehrkräften bekommen.

Als Referendar/in kommt man sich vermutlich aufgrund der vielfältigen Anforderungen der Unterrichtsvorbereitung und -durchführung, der Schulorganisation, des Referendariats im Speziellen (Unterrichtsbesuche, Lehrproben, Prüfungen) sowie aufgrund der unterschiedlichen Erwartungen von Schüler/innen, Eltern, Kolleg/innen, Betreuungs- und Seminarlehrer/innen, Schulleitung sowie der eigenen Partnerin/des eigenen Partners oder Familie manchmal vor wie die berühmte »eierlegende Wollmilchsau«, die nicht nur alles, sondern auch noch scheinbar alles gleichzeitig bewältigen soll (Abb. 12, S. 149).

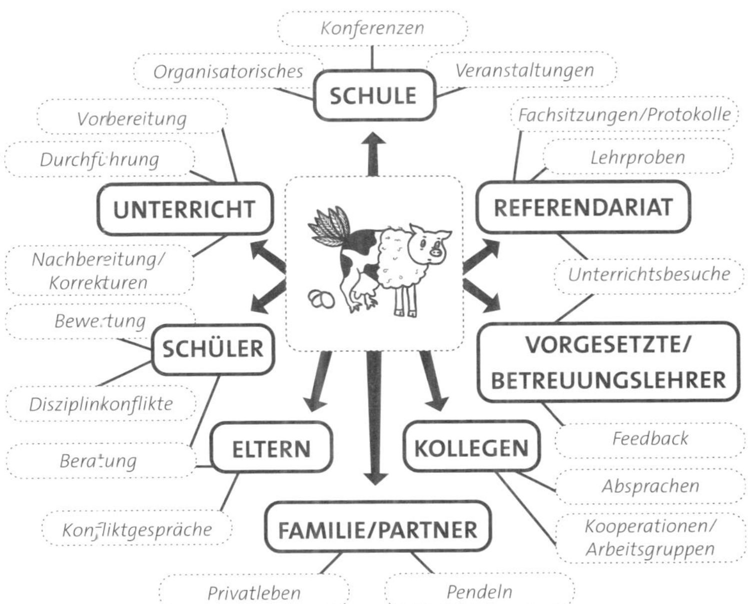

Abb. 12: Der/die Referendar/in als »eierlegende Wollmilchsau«: Stressfaktoren während des Referendariats

Ob und wann die Arbeitsfelder beziehungsweise Personengruppen, mit denen man es als Lehrer/in und Referendar/in zu tun hat, zu Stressoren werden, die auf Dauer gesundheitsgefährdenden »Disstress« auslösen, hängt sowohl von der persönlichen Konstitution und Disposition als auch von den Rahmenbedingungen ab und ist damit individuell sehr verschieden. Manche empfinden das, was für andere eine Belastung darstellt, gar als »Eustress« (positiver, anregender Stress, z. B. Klassenfahrten).

Jede Referendarin/jeder Referendar sollte zum Selbstschutz jedoch Strategien entwickeln, die ihr/ihm bei der Bewältigung der beruflichen Belastungen helfen. Hierbei ist nicht nur ein günstiges Zeitmanagement, sondern insgesamt eine besondere Sensibilität für das eigene psychische Gleichgewicht auch in stressigen Situationen wichtig,

Erfahrungen von »Leidensgenossen«

Eine einfache, aber wirkungsvolle Möglichkeit, sich zumindest vom psychischen Stress ein wenig zu entlasten, ist der Austausch mit Kolleg/innen während Ihrer Ausbildung. Bereits die Erkenntnis, nicht als Einzige/r mit dem Problem des richtigen Zeitmanagements oder des Umgangs mit undisziplinierten Schüler/innen, »nervigen« Eltern oder anspruchsvollen Seminar- und Betreuungslehrer/innen zu kämpfen, kann ein Stück mehr Gelassenheit bringen.

Nicht nur Sie empfinden den Alltag als Lehrer/in und insbesondere die zusätzlichen Belastungen im Referendariat als anstrengend. In unserer Umfrage unter den Referendar/innen unserer Schule bezeichneten *alle* das Referendariat als den stressigsten Abschnitt ihrer bisherigen Ausbildung. Lediglich Prüfungsphasen während des Studiums wurden als vergleichbar anstrengend eingeschätzt.

Doch auch innerhalb des Referendariats gibt es nach den Erfahrungen der von uns Befragten Phasen höherer und geringerer Belastung. Wir haben unsere angehenden Lehrer/innen im Rahmen unserer schriftlichen Befragung auch gebeten, auf einer Skala von eins (geringer Stressfaktor) bis fünf (sehr hoher Stressfaktor) anzukreuzen, welche beruflichen Anforderungen für sie besonderen zeitlichen und/oder psychischen Stress bedeuten (Abb. 13, S. 151).

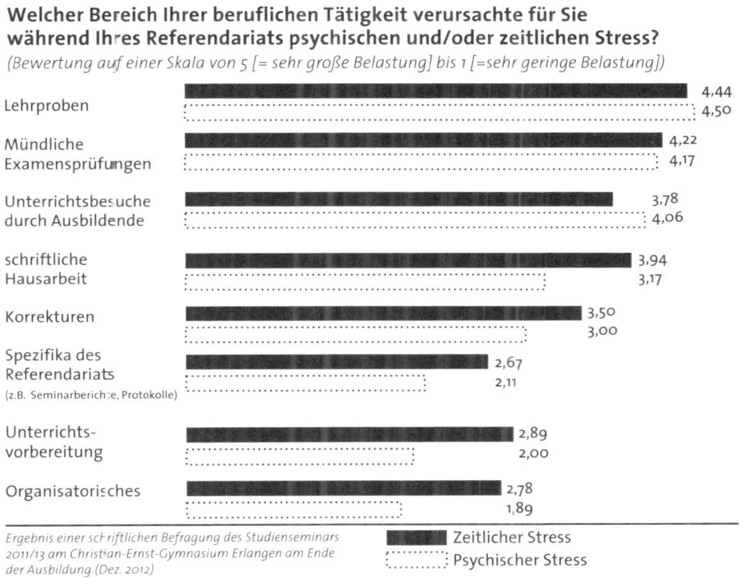

Abb. 13: Umfrage zu beruflichen Stressfaktoren im Referendariat

Manche Situationen empfinden Referendar/innen offenbar als »Stress pur«. So liegt bei unseren Befragten der Wert für die zeitliche Belastung durch die Lehrproben bei durchschnittlich 4,44, der Wert für den psychischen Stress noch etwas höher (4,50). Im Vergleich dazu werden die sonstigen Pflichten als Referendar/in, wie Protokolle und Seminarberichte schreiben oder Fachsitzungen besuchen, mit einem Durchschnittswert von 2,67 als deutlich weniger belastend empfunden.

Nach den Lehrproben folgen als weitere Momente besonderer zeitlicher und psychischer Belastung die mündlichen Prüfungen (4,22 bzw. 4,17) sowie die Unterrichtsbesuche durch Seminarlehrkräfte und Schulleitung (3,78 bzw. 4,06). Weitere Stressfaktoren, die den Lehrerberuf insgesamt betreffen, werden individuell sehr unterschiedlich bewertet. Besonders die zeitliche Belastung durch Korrekturen ist fächerabhängig. Hier klagten vor allem die Referendar/innen im Fach Deutsch über hohen zeitlichen Stress.

Bei vielen Referendar/innen beeinflussen die Anforderungen des Vorbereitungsdienstes auch stark das Privatleben. Zwar äußerte etwa ein Drittel der Befragten, mit Ausnahme bestimmter Stressphasen (z.B. Lehrproben, Prüfungen) Beruf und Privatleben im Großen und Ganzen in Einklang gebracht zu haben. Ein weiteres Drittel aber merkte an, dass das Privatleben des Öfteren gegenüber dem Beruf zurückstehen musste. Jede dritte Referendarin/jeder dritte Referendar gab an, dass das Privatleben während des gesamten Referendariats unter dem beruflichen Stress gelitten habe. Erfreulich ist allerdings, dass keine/r der Befragten aufgrund dieser Erfahrung daran zweifelt, ob es wirklich die richtige Berufswahl für sie/ihn war.

»Mut zur Lücke« – Ratschläge für ein besseres Stress- und Zeitmanagement

Natürlich reicht es für eine erfolgreiche Stressbewältigung nicht aus zu wissen, dass es anderen ebenso ergeht wie Ihnen. Deshalb haben wir unsere Referendar/innen nach Erfahrungen und Tipps gefragt, die Sie Ihnen mit auf den Weg geben würden, um Ihr Stress- und Zeitmanagement zu optimieren. Ausgangspunkt war die Frage, was die kürzlich examinierten Lehrer/innen an ihrem Arbeitsstil im Lauf des Referendariats verändert haben. Am häufigsten wurden folgende Fortschritte genannt:

- eine effizientere Stundenvorbereitung,
- eine stringentere Zeitplanung mit bewussten Pausen,
- mehr Mut zum Pragmatismus,
- mehr Vertrauen in die eigenen Fähigkeiten,
- mehr Gelassenheit,
- höhere Flexibilität,
- »Mut zur Lücke«.

Dass diese Fortschritte bereits »Meilensteine« auf dem Weg zu einem gesunden Berufsleben als Lehrer sind, können Sie aufgrund Ihrer bisherigen Erfahrungen sicher bestätigen. Der Lehrerberuf hat bestimmte Belastungen, die ein Außenstehender kaum nachvollziehen kann: das Gefühl, nie wirklich fertig mit der Arbeit zu sein – auch nicht abends und am Wochenende –, die psychische und physische Belastung an einem Unterrichtstag mit wechselnden Klassen, Pausen mit Aufsichtsdiensten, Besprechungen und Kopierarbeiten, Berge an Korrekturen vor allem in Deutsch und den Fremdsprachen, um nur einige Faktoren zu nennen.

Umso wichtiger ist es, Methoden zu entwickeln, die den Berufsalltag so »*ent*stressen«, dass genügend Energie für die wirklich wichtigen Aspekte Ihrer Tätigkeit – die Vermittlung von Wissen und Kompetenzen an uns Schüler/innen *und* ein menschlich guter Umgang mit uns – bleibt.

Unsere Referendar/innen geben Ihnen aus ihrer Erfahrung folgende Ratschläge mit auf den Weg, aus denen Sie sich diejenigen heraussuchen können, die zu Ihnen passen. Probieren Sie doch das eine oder andere einmal aus, um zu sehen, ob es für Sie persönlich eine Entlastung bringt.

Tipps für die Unterrichtsvorbereitung

- Setzen Sie sich Zeitlimits bei der Vorbereitung. Mehr Schlaf ist manchmal wichtiger als eine minutiöse Vorbereitung, weil man ausgeschlafen flexibler auf Schülerbeiträge reagieren kann.
- Denken Sie daran, dass nicht jede Stunde eine Lehrprobenstunde ist. Weniger ist manchmal mehr.
- Planen Sie Ihren Unterricht in Sequenzen vor. Sie können dann leichter auch eine nicht so gut vorbereitete Stunde sinnvoll gestalten, z. B. durch ein Unterrichtsgespräch über die Zusammenhänge innerhalb des Themas.
- Nutzen Sie Ihre Fähigkeit, ein Unterrichtsgespräch zu moderieren. Das ist manchmal wertvoller und für die Schüler/innen motivierender als weiteres Material.
- Entlasten Sie sich und die Schüler/innen, indem Sie Phasen der Selbsttätigkeit der Schüler/innen (Einzel-, Partner-, Gruppenarbeit) in den Stundenverlauf einplanen.

Tipps für die Gestaltung des Unterrichtsalltags

- Lassen Sie sich nicht unnötig hetzen. Ihr Wechsel zwischen den Stunden von einem Unterrichtsraum in den anderen muss nicht im Dauerlauf erfolgen.
- Nehmen Sie sich bewusst Auszeiten. Verbringen Sie z. B. die Pause nicht im Lehrerzimmer, sondern im (abgesperrten) Klassenzimmer.
- Setzen Sie sich während des Unterrichts auch einmal hin.

Tipps für das Korrigieren

- Machen Sie sich bei der Konzipierung der Arbeit gleich einen Erwartungshorizont. Lassen Sie einen Kollegen Ihres Vertrauens über die Aufgabenstellung und den Erwartungshorizont schauen, um eine unabhängige Meinung einzuholen: Sind die Aufgaben zu umfangreich oder missverständlich gestellt?
- Schieben Sie Korrekturen nicht vor sich her. Beginnen Sie möglichst noch am selben Tag mit einigen Arbeiten, um das Gefühl zu haben, dass der Anfang schon gemacht ist.
- Teilen Sie sich die Zeit bis zur geplanten Herausgabe etappenweise ein, damit Sie nicht immer den »großen Berg« vor sich sehen.
- Planen Sie bewusst Pausen ein, in denen Sie sich auch selbst belohnen (z. B. durch eine kurze Ablenkung, einen Kaffee, einen Spaziergang) und verlassen Sie dafür auch Ihren Schreibtisch. Dadurch haben Sie ein überschaubares Ziel vor Augen und können sich später wieder besser konzentrieren.

Tipps für die Unterrichts- und Schulorganisation

- Machen Sie sich realistische Zeitpläne oder To-do-Listen. Dadurch bekommt Ihr Arbeitspensum eine Struktur und erscheint Ihnen nicht wie ein unüberwindbarer Berg. Außerdem gelingt es Ihnen dadurch leichter, Prioritäten zu setzen.
- Rekapitulieren Sie in überschaubaren zeitlichen Abständen Ihre gehaltenen Stunden (Abheften der Unterlagen, Notizen zu Abfragen und Unterrichtsbeiträgen).
- Überprüfen Sie immer mal wieder Ihr Ordnungssystem. Gibt es möglicherweise etwas, das Ihnen besser liegt als das bisherige (z. B. Hängeordner, Jurismappen, Ablagekästen, Computerdateien)?

- Legen Sie nur solche Listen an, die Sie auch regelmäßig weiterführen. Überfordern Sie sich beispielsweise nicht durch allzu kompliziert zu führende Strichlisten, um zu dokumentieren, wer wie oft Hausaufgaben ganz oder nur halb vergessen hat.
- Kopieren Sie – wenn möglich – Arbeitsblätter bereits am Vortag und packen Sie Ihre Schultasche am Abend. Dadurch vermeiden Sie unnötige Hektik unmittelbar vor dem Unterricht und können flexibler auf unvorhersehbare Ereignisse reagieren.
- Fallen Sie nicht »vom Schreibtisch ins Bett«. Suchen Sie bewusst eine – auch räumlich getrennte – Form der Erholung.
- Probieren Sie aus, ob Ihnen verschiedene Entspannungsübungen (Kretschmann 2012) helfen.
- Nehmen Sie sich feste Auszeiten während der Woche und am Wochenende für Hobbys, Sport und Unternehmungen mit Familie und Freunden (Zitat aus einem Fragebogen: »Am Sonntag sollst du ruhen ist mehr als eine religiöse Floskel, wenn es um Stressmanagement geht!«).

Über diese individuell unterschiedlich realisierbaren Ratschläge hinaus betonen von uns befragte Referendar/innen besonders, wie wichtig für sie der fachliche, aber auch der menschliche Austausch unter Kolleg/innen ist. Gemeinsam gelingt der Mittelweg zwischen »Jammern« und »Anpacken« ihrer Erfahrung nach am besten. Lehrer sind keine Einzelkämpfer, auch wenn sie meist alleine vor der Klasse stehen. Machen Sie sich schließlich immer wieder bewusst: Es gibt auch einen gesunden Mittelweg zwischen »Dienst nach Vorschrift« und erschöpfendem Perfektionismus.

Schluss

Traumberuf Lehrer

Wir suchen Lehrer/innen, die...

- ... das in den Mittelpunkt ihrer Arbeit stellen, was ihren Schüler/innen Spaß macht.
- ... motiviert sind, auch pädagogischen Härtefällen zu einem erfolgreichen Abschluss zu verhelfen.
- ... rundum engagiert sind und sich pausenlos in unser bunt schillerndes Schulprofil eingliedern.
- ... die vielfältigen Herausforderungen des Schulalltags mit größter Gelassenheit annehmen und stets richtig darauf reagieren.
- ... ihren Unterricht entsprechend den modernen Anforderungen des digitalen Entertainments gestalten.

Wir bieten

- flexible Arbeitszeiten rund um die Uhr, auch an Wochenenden
- Arbeit mit wissensdurstigen und leistungshungrigen Kindern und Jugendlichen
- nach dem höchsten HighTech-Standard ausgestattete Unterrichtsräume
- Social Networking mit gleichgesinnten Kolleg/innen
- erlebnisorientierte, über den regulären Unterricht hinausgehende Freizeitgestaltung (z.B. bei Exkursionen, Projekttagen) mit Möglichkeiten zur Selbsterfahrung in Extremsituationen

Würden Sie sich auf eine solche Stellenanzeige hin bewerben – dürfte doch ein Traumjob sein, oder?

Ob diese Schule, die auf den ersten Blick ein Paradies zu sein scheint, wirklich die richtige für Sie ist, überlassen wir gemäß der Fiktion dieser karikierten Annonce Ihrer Fantasie. Wahrscheinlich würde Sie die Arbeit an einer solchen Schule jedoch so vereinnahmen, dass es das Aus für Ihr Privatleben bedeuten würde.

Keine Sorge! Den in der Anzeige gesuchten Lehrer gibt es

nicht, und es muss ihn auch nicht geben. Wir Schüler/innen erwarten keinen »Übermenschen«. Wir gestehen Ihnen sogar ein Leben neben der Schule zu.

Wenngleich auch eine Lehrerin/ein Lehrer ein erfülltes Privatleben als Ausgleich zum Schulalltag braucht, ist der Lehrerberuf mehr als nur ein Job. Vielmehr erleben wir sogar Lehrer/innen, für die ihr Beruf fast schon eine »Berufung« zu sein scheint. Wir schätzen solche Lehrer/innen, denen ein gewisser Idealismus in ihrer Tätigkeit anzumerken ist. Sie richten ihr Handeln nach bestimmten Idealen aus, ohne sie unbedingt erreichen zu müssen. Das heißt, sie bemühen sich,

- ihren Schüler/innen nicht nur Unterrichtsstoff, sondern Motivation und Freude am Lernen zu vermitteln;
- wissenschaftlich korrekt und pädagogisch verantwortet Prüfungen zu stellen und transparent zu bewerten;
- auf der Basis eines gesunden Selbstbewusstseins und der Fähigkeit zur Selbstkritik die Unterrichtsqualität stetig zu verbessern;
- Schüler/innen mit ihren unterschiedlichen Begabungen als Bereicherung wahrzunehmen;
- das Entwicklungspotenzial der ihnen anvertrauten Kinder und Jugendlichen in den Mittelpunkt ihrer Arbeit zu stellen und ihnen mit individueller, positiver Wertschätzung zu begegnen.

In diesem Buch haben wir Ihnen viele Anregungen und Ratschläge gegeben, wie Sie sich aus unserer Perspektive diesen Idealen ein Stück weit nähern können.

Gerade als junge Lehrerin/junger Lehrer kennen Sie vielleicht diese Perspektive noch sehr gut. Dennoch haben Sie sich durch das Studium und die ersten Erfahrungen in Ihrer neuen Rolle als Lehrer/in von dieser Sichtweise der Schüler/innen entfernt. Diese Distanz ist für uns auch wichtig – dennoch sollte sie nicht dazu führen, die Schülerperspektive gänzlich zu vernachlässigen.

Jetzt sind Sie dran! Der Startschuss ins Berufsleben ist (vielleicht schon vor einiger Zeit) gefallen! Und falls Sie doch einmal nicht weiterwissen: Nehmen Sie wieder unser Buch zur Hand oder fragen Sie doch mal Ihre Schüler/innen!

Literaturverzeichnis

Berger, R./Granzer, D./Looss, W./Waack, S. (2013): »Warum fragt ihr nicht einfach uns?« Mit Schüler-Feedback lernwirksam unterrichten. Weinheim: Beltz.

Edelmann, W. (2000): Lernpsychologie. 6. Auflage. Weinheim: Beltz.

Hennig C./Ehinger W. (2006): Das Elterngespräch in der Schule. 3. Auflage. Donauwörth: Auer.

Keller, G. (2010): Disziplinmanagement in der Schulklasse. Unterrichtsstörungen vorbeugen, Unterrichtsstörungen bewältigen. Bern: Huber.

Kretschmann, R. (2012): Stressmanagement für Lehrerinnen und Lehrer. Weinheim: Beltz.

Krohne, H. W. (2010): Psychologie der Angst. Stuttgart: Kohlhammer.

Kühne-Kamm, P./ Kamm, B. (2003): Persönlichkeitsentwicklung für Lehrer, Donauwörth: Auer.

Lohmann, G. (2011): Mit Schülern klarkommen. Professioneller Umgang mit Unterrichtsstörungen und Disziplinkonflikten. 9. Auflage. Berlin: Cornelsen.

Oelsner W./Lehmkuhl G. (2002) Schulangst. Ein Ratgeber für Eltern und Lehrer. Düsseldorf/Zürich: Walter.

Prantl, H. (2010): Vom Glück, einen guten Lehrer zu haben. In: Süddeutsche Zeitung 18./19.12.2010, S. 7.

Reich, K. (2012): Konstruktivistische Didaktik. 5. Auflage. Weinheim: Beltz.

Rogers, C. R. (2012): Die klientenzentrierte Gesprächspsychologie. 19. Auflage. München: Fischer.

Schulz von Thun, F. (2010): Miteinander reden. Bd. 1: Störungen und Klärungen. Allgemeine Psychologie der Kommunikation. 48. Auflage. Reinbek: Rowohlt.

Spiewak, M. (2013): Hattie-Studie. Ich bin superwichtig! Zeit-Online vom 3.01.2013 (letzter Abruf: 25.02.2013).

Weller, A. (2003): Unterrichtsevaluation durch Schülerinnen- und Schülerfeedback: Geschlossene und offene Verfahren in der Praxis. Norderstedt: GRIN.

Register